Les archives secrètes
de Mitterrand

Capitaine Barril

Les archives secrètes de Mitterrand

Albin Michel

© Éditions Albin Michel S.A., 2001
22, rue Huyghens, 75014 Paris

www.albin-michel.fr

ISBN 2-226-13018-7

*À mon père qui m'a tant appris
et à qui je dois tant.*

Chapitre 1

Vingt ans après

Paris, hôtel Méridien, porte Maillot, ce vendredi 6 avril 2001 à 7 heures du matin, mon portable sonne déjà...

Me Jacques Vergès aime brouiller les pistes. C'est au cours d'une mission avec lui, en Afrique centrale, que j'ai découvert à quel point l'« avocat du diable » est terriblement matinal et sympathique. Jusqu'à ce voyage, je ne m'étais jamais posé la question de savoir à quelle heure il se levait. Vraisemblablement influencé par une photo célèbre, je l'imaginais paressant tard dans son bain, dégustant, pourquoi pas, son premier havane de la journée. J'ai donc été franchement surpris lorsque, le premier jour de notre voyage, il m'a appelé dans ma chambre, m'invitant à ne pas « perdre de temps » et à le rejoindre séance tenante pour le petit déjeuner. Il était 6 h 30 et chaque jour de notre périple, Jacques Vergès, dès potron-minet, me téléphonait : « Sergent Vergès au rapport, mon capitaine ! C'est l'heure des couleurs ! Le petit déjeuner est servi. Je vous attends dans trois minutes en bas. » Le plus souvent il accompagnait cette annonce d'un rire ou entonnait, d'une voix joyeuse, une chanson de marche, ou alors il mimait un air au clairon, histoire de me « mettre en train ».

Ce voyage a été pour moi l'occasion de découvrir une facette peu connue du personnage, celle du « soldat » Vergès et des trois années qu'il a passées sous les drapeaux : Afrique du Nord, campagne de France puis occupation en Allemagne. Vergès s'est engagé à 17 ans, en 1942. Son ralliement aux Forces françaises libres du général de Gaulle n'avait rien d'évident puisque, de l'île de la Réunion, il lui fallait franchir deux océans pour gagner Londres afin de combattre le nazisme. Au même moment, Raymond Barre, son camarade de lycée, préférait potasser ses équations dans les jupes de sa chère maman.

Peu porté aux marques extérieures de discipline, le soldat Vergès n'a certes pas le petit doigt sur la couture du pantalon, mais il n'en prend pas moins le service des armes au sérieux. Adolescent pas très costaud mais intellectuel déjà brillant, il avait toute possibilité de se faire affecter au chaud, dans un quelconque état-major. Il a naturellement mis un point d'honneur à servir dans une unité combattante. Artilleur, rapidement promu sergent, il sait le prix de l'entraînement, la nécessité de bichonner son équipement, et c'est un regard sans complaisance qu'il porte sur l'indiscipline des braillards composant certaines unités de FFI qu'il sera appelé à encadrer pendant la campagne de France.

Soldat, Jacques Vergès l'est resté dans l'âme et aujourd'hui, à plus de 70 ans, chaque jour que Dieu fait, il continue de monter joyeusement au combat. Sous la robe comme sous l'uniforme, c'est bien une guerre totale qu'il mène au service de son client. Au cours de ce périple africain, j'ai pu mesurer son extra-ordinaire popularité. Regagnant à pied notre hôtel, nous croisons une dizaine de collégiennes en uniforme. Elles le reconnaissent : « Maître Vergès ! Maître Vergès ! » Elles sont bientôt une cinquantaine à nous entourer. Alors que, par réflexe, je m'inquiète des débordements, s'engage au contraire, dans le plus grand calme, une longue discussion. Je suis sidéré par la maîtrise de ces adolescentes. Comment font-elles pour connaître tant de détails sur l'affaire Omar Raddad et débattre de ses « implications internationales » ? Plusieurs adolescentes se disent déterminées à devenir avocates. La conversation s'achève sous les applaudissements. L'une d'elles lance : « Bravo, maître, continuez ! Nous avons besoin de vous ! » Si Me Vergès conseille plusieurs chefs d'État africains, c'est bien dans la rue, auprès du petit peuple, qu'on peut véritablement toucher du doigt l'immense popularité dont il jouit chez les déshérités. Des ruelles de la Casbah à Alger aux ghettos de Soweto, il est partout chez lui. C'est là certainement le crime le plus grave que lui imputent, de la terrasse si bien dénommée des Deux Magots, les professionnels parisiens de l'antiracisme ou des Droits de l'homme.

Parfois Jacques Vergès est amené à se défendre lui-même. Contre l'accusation, notamment, d'en « faire trop ». Je me souviens d'un magistrat auquel on prêtait l'ambition de se « farcir Vergès ». Alors qu'il entamait un interrogatoire sur une affaire d'outrage à magistrat, Vergès lui lance : « Je ne réponds pas à un magistrat qui se tripote pendant une audition. » Décontenancé par cette attaque fulgurante, le juge extrait piteusement la main qu'il tenait bien au chaud dans la poche de son pantalon. La vérité ne tarde pas à éclater : le juge ne se tripotait pas, il jouait avec les grains de son chapelet. Il n'était pas tiré d'affaire pour autant. S'appuyant tant sur Humphrey Bogart que sur *Ouragan sur le Caine*, Vergès exige une expertise psychiatrique de son juge. Il obtiendra rapidement un non-lieu. Son message était passé « fort et clair ».

Par nécessité comme par goût, Vergès est le défenseur qu'il me fallait. Et cela quand bien même, lors de mes premiers pas à la cellule anti-terroriste de l'Élysée, j'avais reçu pour mission de le « neutraliser ». Certains s'étonnent parfois que, professionnel de l'antiterrorisme, j'ai pu prendre comme conseil le défenseur de quelques vedettes du terrorisme international, tels Carlos, Bréguet, Kopp, etc., ou, dans un genre un peu différent, Klaus Barbie. Existerait-il d'éventuelles « compromissions » entre lui et le terrorisme ? En refermant ce livre, le lecteur aura compris que, sur ce terrain, rien n'est clair. Au plus haut niveau de l'État, des gens qui n'exerçaient pas tous la profession d'avocat ont prolongé des relations pour le moins discutables. Nous y reviendrons, même s'il s'agit de secrets d'État qu'il ne fait pas bon révéler ni même simplement connaître, encore moins détenir.

Parce que Jacques Vergès et Jean-Edern Hallier savaient trop de choses et trop tôt, dès 1981-82 l'un et l'autre furent la cible de François Mitterrand. Ils figurent au premier rang des milliers de victimes des écoutes illégales lancées par l'Élysée.

Cette surveillance de tous les instants, ce harcèlement ne s'est pas limité à des mesures « passives » telles les écoutes. Immédiatement exploitées, elles ont permis des opérations de représailles. Ainsi, le passage de l'écrivain à une émission du service public de télévision aussi inoffensive et bon enfant qu'« Aujourd'hui la vie » avait-il été jugé insupportable par les plus hautes autorités de l'État. Il est de bon ton, à présent, de parler des dérives de la cellule élyséenne. C'est exonérer à peu de frais les dirigeants politiques et le cabinet de François Mitterrand dont le directeur, agrégé de droit et futur membre du Conseil constitutionnel, était Jean-Claude Colliard.

Présidence de la République   *Le 2 mars 1984*
                                     N° 30/2

Le Conseiller Technique

NOTE

à l'attention de Monsieur le Président de la République

OBJET : Affaire Edern Hallier.

Par les moyens techniques dont nous disposons, nous avons appris hier qu'Edern Hallier devait être l'un des invités surprises d'une émission, appelée « Aujourd'hui la vie », qui devait être diffusée aujourd'hui en direct à 13 heures 50.

J'ai donc averti immédiatement M. Colliard, qui a pris les dispositions qui s'imposaient et l'émission a été annulée.

Le chef d'escadron Prouteau

Entre deux péroraisons sur la liberté, le Château savait prendre les décisions qui s'« imposent ».

Ce qui, je crois, distingue Jacques Vergès et Jean-Edern Hallier de nombreux autres adversaires du régime mitterrandien, c'est leur capacité de résistance. Je peux, mieux que quiconque, témoigner que, pour résister à la garde prétorienne du régime, il fallait du courage et de la persévérance, et surtout cette capacité extraordinaire à mettre les rieurs de son côté. Ce que certains ne leur pardonnent pas — surtout ceux qui se sont couchés — c'est de n'avoir jamais abdiqué. À l'occasion, j'ai aidé Jean-Edern en apportant mon obole à son journal *L'Idiot international.* Je me souviens qu'il était passé me soutirer un peu d'argent juste avant un procès qui l'opposait à une critique littéraire du *Monde* qu'il avait effectivement copieusement diffamée. Jean-Edern Hallier était alors au bord de la ruine ; il accueillait les huissiers pistolet au poing ! C'est Bernard Tapie qui lui a porté le coup de grâce en obtenant des dommages et intérêts invraisemblables, de plusieurs millions de francs. Pour son procès contre *Le Monde*, Jean-Edern s'était présenté au tribunal sur un brancard porté par ses supporters. Muni d'une canne blanche et de grosses lunettes d'aveugle, il amplifiait l'effet comique d'une cécité bien réelle même si elle n'était pas totale. L'irruption de ce cortège dans la salle d'audience était du jamais-vu. S'étant finalement levé pour s'adresser à la cour, Jean-Edern, faisant de grands moulinets avec sa canne, manquait de peu, à chaque fois, d'éborgner la partie adverse qui, effarée, ne savait où se mettre à l'abri. Nous avions ainsi la preuve que Jean-Edern y voyait encore...

Vint l'heure de la plaidoirie de Me Vergès. Il avait pris le parti de nommer la partie adverse « Mme Sauvignon » au lieu de Savigneau, après que la critique littéraire du quotidien du soir eut jeté son verre à la face d'un des journalistes de *L'Idiot international* à La Closerie des Lilas.

— Maître, je vous en prie, le nom de la partie civile n'est pas « Sauvignon » mais « Savigneau », l'interrompt le président.

Vergès imperturbable :

— Je disais donc avant qu'on ne me coupe la parole, ce n'est quand même pas Mme Sauvignon qui peut prétendre...

Évidemment, l'insolence et l'impertinence de Jean-Edern étaient diversement appréciées. Lorsqu'en pleine campagne électorale l'écrivain était descendu à Marseille pour porter la contradiction à Bernard Tapie, il s'était vite retrouvé avec un calibre dans la bouche. Voulant porter plainte et dénoncer les gangsters qui l'avaient agressé dans sa chambre d'hôtel, il n'obtint, pour toute réponse, que d'être traité de fou et de mythomane.

Comme un certain nombre de gens qui menaçaient le régime, Jean-Edern Hallier est mort seul, sans témoin, un matin à Deauville alors qu'aux aurores il faisait sa promenade à vélo.

J'ai pu mesurer la haine qu'inspirait Jean-Edern puisque, au sein de la cellule élyséenne, j'avais reçu mission de « m'occuper » de lui. Comme d'ailleurs de Jacques Vergès ! Lorsque je l'ai révélé, on m'a, moi aussi, traité de menteur et de mythomane. Lorsque les médias ont indiqué que j'avais été, en outre, chargé, sur ordre de l'Élysée, de protéger les terroristes d'Action directe de la police, la pression devint terrible. Je suis sans doute le seul officier de l'armée française à avoir été menacé de mort par son ministre de tutelle. Je suis en tout cas le seul à en détenir la preuve et à être encore en vie !

Les assassins d'Action directe étaient quand même bien plus redoutables pour le pays que Jean-Edern Hallier mais, comme nous le verrons, un tout autre traitement leur fut réservé. Des années ont passé, il reste pourtant encore bien des cadavres à sortir du placard. L'entreprise de démolition qui me vise se poursuit avec une efficacité redoutable. Je garde confiance. Tôt ou tard, la vérité finit par éclater. Je vais continuer de m'y employer.

Qui soupçonnait que nous pourrions un jour fournir la preuve que le premier magistrat du pays se faisait transmettre, quotidiennement, le fruit d'écoutes illégales ? Or, le fait est aujourd'hui établi, depuis la découverte des archives du préfet Prouteau en 1997, dans des circonstances rocambolesques que je ne manquerai pas de raconter. Dans les nombreuses cantines bourrées de comptes rendus d'interceptions illégales, j'ai retrouvé cette note n° 113/2, en date du 17 décembre 1982 : « Le chef d'escadron Prouteau à l'attention de Monsieur le Président de la République. » J'en extrais ce passage savoureux, dans lequel Prouteau déplore le mauvais fonctionnement des écoutes et se plaint au chef de l'État : « Quoi qu'il en soit actuellement, un point important me préoccupe. C'est le fait que Me Vergès a été informé, nous ne savons malheureusement pas par qui, le 8 novembre qu'il était sur écoute. Le 9 novembre, il a même donné à son correspondant, auquel il apprenait d'ailleurs qu'il faisait l'objet d'une écoute, son nom de code Renseignements généraux, celui qui est inscrit sur les comptes rendus d'écoutes et qui est Véronique. Une fuite de cette dimension est préoccupante, car, de ce fait, il devient de plus en plus difficile de contrôler ses agissements. D'autre part, cette indiscrétion doit provenir d'un haut niveau des milieux policiers. »

La syntaxe n'est pas parfaite mais l'on trouve déjà dans cette note rédigée par le patron de la cellule antiterroriste de l'Élysée — laquelle n'existe alors que depuis à peine un trimestre — les ingrédients et les ambiguïtés qui expliquent les dérives à venir : conflit entre gendarmes et policiers, fuites d'informations classées « secret Défense », etc.

Ce qui me frappe aujourd'hui, c'est la naïveté de Prouteau, que je partageais il est vrai à l'époque. Prouteau travaillait beaucoup sur Action directe. Il croyait bien faire en s'appliquant à capturer les terroristes, en perçant leurs secrets. N'était-ce pas ce pour quoi il avait été « embauché » en août 1982 ? Nous étions jugés, sinon meilleurs, du moins plus fiables que les flics. Nous en étions au demeurant persuadés. Contrairement à la légende, nous avons d'ailleurs effectué un excellent travail. Le Gam (Groupe d'action mixte), mis en place au sein de la cellule et composé — précisément pour pallier la « guerre des polices » — à parité de gendarmes et de policiers, s'est avéré un instrument d'une redoutable efficacité. En quelques mois, nous avons fait remonter une masse considérable d'informations émanant de divers services, le plus souvent concurrents. Rassemblées pour la première fois, elles permettaient de donner un sens à telle ou telle action. Chaque homme composant le Gam, sélectionné dans divers services spécialisés de police ou de gendarmerie, apportait au groupe sa compétence et ses réseaux.

Dès le 17 décembre 1982, Christian Prouteau pouvait dresser à François Mitterrand un premier bilan de l'action du Gam. Ainsi, cette note n° 116/2 dont l'objet est le financement du terrorisme international : « La mission de coordination que vous m'avez confiée devrait porter ses fruits, car à travers toutes les informations fragmentaires que chaque service a pu collationner jusqu'à ce jour concernant le terrorisme international, il n'est jamais apparu un système cohérent. Or, l'équipe qui travaille actuellement pour moi vient de découvrir d'une manière formelle les liens unissant le terrorisme international à partir des problèmes de financement. (...) Agissant en ordre dispersé, les différents services n'ont pu, comme nous l'avons fait, établir les connexions qui nous permettront d'avoir enfin un résultat sans précédent. Je vous demande donc l'autorisation d'user du pouvoir que vous m'avez donné en tant que coordinateur, pour réunir, quel que soit leur niveau, les chefs de service concernés et élaborer une stratégie d'ensemble propre à mettre fin à cette organisation de financement du terrorisme international. » Et le chef d'escadron Prouteau de conclure : « À travers les informations que nous avons recueillies et qui sont à ce jour incontestables, ce système de financement réunirait à travers l'utilisation d'euro-chèques, entre autres, l'ETA, le Grapo, les Gari, Action directe et le FPLP. »

Une véritable banque, avec ses succursales et ses collecteurs, accumulait en effet, grâce à des faussaires de génie, à des braqueurs intuitifs, un formidable trésor de guerre, si considérable qu'il permettra même à certains de monnayer leur sortie de prison. Sans doute mettions-nous le nez en zone interdite. Nous ne pouvions le soupçonner. Toujours est-il que, contrairement aux attentes de Prouteau, ses propositions sont rapidement enterrées et, au premier prétexte venu, le Gam dissous. En réalité, le pouvoir avait posé des bornes invisibles à la mission qu'il nous avait confiée. Bien sûr, il aurait été ravi que nous arrêtions tels tueurs de la rue des Rosiers, en flagrant délit si possible et de préférence pour le journal télévisé de 20 heures. Remonter les filières tant qu'elles sont clairement identifiées comme pour les Palestiniens, Arméniens, etc., c'est très bien. Les choses se sont compliquées lorsque nous nous sommes attaqués au terrorisme made in France ou à celui qui fut si bien accueilli chez nous après le 10 mai 1981 : débris de la Rote Armee Fraktion allemande, colonnes repliées d'Italie des Brigades rouges, Basques de l'ETA, vétérans de la lutte antifranquiste, Irlandais de l'IRA, de l'Inla et parfois de Vincennes, et, *last but not least*, les intouchables d'Action directe. Ceux-là, nous étions invités à le comprendre, étaient soit des militants, soit des réfugiés politiques, et parfois tout bonnement des camarades.

Deux classes de terroristes en somme. Que les uns fournissent aux autres des armes pour recueillir, en retour, qui un hébergement, qui de faux papiers ou une valise de billets importait peu. Que des groupes terroristes, installés chez nous, se servent de la France comme d'un sanctuaire pour assassiner en Espagne, en Italie, à Berlin comme à Belfast, et fasse de Paris la capitale de l'euro-terrorisme, était une question « politique ». Est-ce seulement le fruit de la fatalité si la France fut, tout au long des années 80, plus que tout autre en Europe, la proie du terrorisme ? La chance ou le hasard doivent-ils seuls expliquer la mise hors d'état de nuire des tueurs d'Action directe en un peu plus d'un semestre en février 1987 ?

Il est formellement établi aujourd'hui que le premier magistrat du pays exploitait personnellement la moisson des interceptions téléphoniques illégales. Ce qu'on oublie, c'est l'acharnement avec lequel cette vérité a été niée. Ces écoutes n'auraient résulté que d'une « dérive » de la cellule élyséenne. En 1993 encore, la simple existence de ces écoutes était contestée. Je pense à ce numéro de *Globe*, qui titrait avec rage : « Des faux fabriqués par Barril ». Je constate que Georges-Marc Benamou, qui dirigeait alors ce titre, s'est fait remarquer dès la mort de Mitterrand par la publication d'ouvrages de révélations sur les mauvaises manières de son maître. Au menu, dégustation d'ortolans et œillades à Maurice Papon. J'aurais préféré que ce journaliste si perspicace, qui a débuté sa carrière au sein du très droitier et farouchement Tontonphobe *Quotidien de Paris*, nous éclaire sur le financement de *Globe* par l'argent des caisses d'Elf-Aquitaine, via sa filiale genevoise Elf-Aquitaine International. Merci Sirven ! Merci Tonton !

Revenons à cette matinée du 6 avril 2001 et à la sonnerie matinale de mon portable. C'est l'affaire des Irlandais de Vincennes qui motive l'appel de Me Vergès : « Mon capitaine, je suis très content de nous ! Avez-vous lu l'article du *Monde* ? Ils devraient pavoiser, or ce n'est pas brillant. Ils ne sont pas loin de friser le ridicule. »

Deux jours plus tôt, en effet, j'avais été convoqué au tribunal de Versailles. Le juge, au terme d'une instruction de dix années au cours de laquelle plus de cent témoins, sauf moi, furent entendus, décide de me mettre en examen pour « attentat aux libertés », un crime passible, en théorie, de la cour d'assises. Quelle mouche, autre que *Le Monde*, avait pu piquer la justice pour que, vingt ans après les faits et sans éléments nouveaux, elle décide subitement de me mettre en examen ? L'audition s'était fort mal passée et m'avait donné l'occasion d'assister à une belle manifestation de colère de mon avocat. Au palais de justice de Versailles régnait l'ambiance des grands jours. Une meute de photographes, cameramen, journalistes avait fait le déplacement. Crépitement des flashes, questions qui fusent, mes avocats, Hélène Clamagirand et Jacques Vergès, et moi-même peinons à nous frayer un chemin jusqu'au cabinet du juge. D'une certaine façon, cette bousculade me rajeunissait. Si vingt années avaient passé, je constatais que cette affaire des Irlandais conservait, même après la disparition de François Mitterrand, son parfum de scandale.

Déjà fraîche, l'ambiance dans le cabinet du juge devient rapidement glaciale. Des points de procédure servent de hors-d'œuvre, puis nous attaquons le plat principal : l'interrogatoire que souhaite amorcer le juge. Or, quelques minutes plus tôt, Jacques Vergès m'a transmis un petit mot sur lequel il est écrit : « Je vous donne l'ordre désormais de ne plus répondre à aucune question. » C'est une démarche, il faut bien le dire, assez peu courante et dont je mesure les conséquences. Le juge peut se braquer et — pourquoi pas ? — en prendre prétexte pour décider mon incarcération. C'est une éventualité à laquelle je me suis préparé.

Sur le fond pourtant, notre position est solide. En effet, nous estimons que si la justice a mis dix ans pour instruire cette affaire, elle ne peut pas nous refuser quinze jours pour prendre connaissance du dossier dans des conditions acceptables. Les quinze tomes empilés dépassent le mètre cinquante. La demande est d'autant plus légitime que des fuites ont déjà permis au *Monde* de porter des accusations spectaculaires contre moi. Mis en cause publiquement par le biais de violations soigneusement calculées du secret de l'instruction, serais-je le seul à ne pouvoir prendre connaissance du dossier ?

Du pugilat verbal qui s'ensuit, je conserve l'image d'un Vergès furibard bondissant de son siège en lançant au juge d'une voix de stentor : « Regardez-moi dans les yeux quand je vous parle ! » On ne rigolait plus. Moi, moins que tout autre ! Avant de pénétrer dans le bureau du juge, la présence d'une douzaine d'inspecteurs et de nombreux gardiens de la paix ne m'avait pas échappé. Ils attendaient les instructions éventuelles du magistrat : pour une garde à vue, une série de perquisitions, un mandat de dépôt. Vu la tournure des événements, je me dis que je ne vais pas y couper, et, malgré mon passeport diplomatique, je redoute le pire. Le nom du juge ne m'est pas inconnu. Pendant des mois, j'ai été le garde du corps de son père en charge de l'instruction du dossier Mesrine. Aujourd'hui, son fiston s'apprête à me mettre en prison.

Heureusement, le juge doit quitter son cabinet pour vérifier un point de procédure auprès du procureur. Une trêve qui permet de faire baisser la tension. À son retour, il consent au report de l'audition mais en profite pour me placer sous contrôle judiciaire. Commentaire de Vergès, sourire aux lèvres, à la sortie : « Eh bien, mon capitaine, vous voyez, tout s'est bien passé ! » S'il existe un « mystère » Jacques Vergès, je pense en détenir un des ressorts : ce diable d'homme, quelles que soient les circonstances, est toujours de bonne humeur. Il aime la vie et ses clients. C'est une qualité exceptionnelle. C'est un exemple que, vaille que vaille, je m'efforce de suivre.

Les gens l'ignorent, mais depuis que j'ai claqué la porte de la cellule de l'Élysée et de la gendarmerie en 1984, j'ai été associé à pas moins de trente procédures judiciaires : simple témoin, témoin assisté, mis en examen, gardes à vue, nuit au dépôt, etc. Au fil des dossiers, j'ai expérimenté la palette des procédures et, à mon corps défendant, je suis devenu l'incontournable invité vedette du feuilleton des affaires politico-judiciaires et des cabinets d'instruction. Souvent à l'étranger pour mon travail, je m'étonne désormais lors de mon retour au pays de ne pas découvrir une convocation chez tel ou tel magistrat pour audition ou « affaire vous concernant ». Pour la seule quinzaine d'avril 2001, outre la convocation pour les « Irlandais », ma boîte à lettres m'informe que je suis attendu chez le juge Valat. Pourquoi ? Je n'en sais fichtre rien. Je suppose qu'il s'agit des écoutes de l'Élysée. Pas du tout. Renseignements pris, le juge souhaite m'entendre dans le cadre d'une plainte déposée par... Carlos. Pour tentative de meurtre ! La plainte vise également Gilles Ménage, ancien directeur de cabinet de François Mitterrand, et Christian Prouteau. C'est Ménage qui, dans ses Mémoires, a jugé utile de faire état d'un projet d'homicide ordonné par Gaston Defferre !

Je me rends donc à la convocation du juge et, puisque l'on m'interroge, je donne mon sentiment : « Je n'ai jamais eu vent d'une tentative ou d'un projet pour éliminer Carlos. Dans le cas contraire, je considère comme impossible que l'écho ne m'en soit pas revenu à un moment ou à un autre. En revanche, je comprends parfaitement le souci de Ménage et d'autres qui, impliqués dans des affaires gênantes, cherchent à redorer leur blason par quelques faits d'armes qui prêtent d'autant moins à conséquence qu'ils n'ont pas été mis à exécution. » Je rappelle au juge ce que tout le monde sait : en matière de lutte antiterroriste le bilan de Ménage est catastrophique. Je crois me souvenir que c'est Charles Pasqua qui est à l'origine de l'exfiltration du Soudan de Carlos. Quant aux terroristes d'Action directe, ils ont inexplicablement échappé aux recherches pendant des années, alors qu'ils coulaient, entre deux meurtres, des jours paisibles dans une ferme du Loiret, à un gros coup de fusil du quartier général des services spéciaux français. Il suffira de onze mois, après la défaite des socialistes en 1986, pour les mettre hors d'état de nuire.

À peine sorti du cabinet du juge, il m'est revenu qu'effectivement la cellule avait bien envisagé de liquider un « terroriste ». Un projet qui, dans mon souvenir, avait même été débattu au coin du feu dans une bergerie du côté de Latché. Rien à voir avec Carlos toutefois... bien moins glorieux. J'en dirai quelques mots plus loin.

J'en ai presque terminé avec ma boîte à lettres. Encore un courrier du palais. Surprise, c'est une bonne nouvelle. Au terme de cinq ans d'instruction, j'apprends que je bénéficie d'un non-lieu. J'étais cette fois accusé — sur la plainte de Ménage — d'être le corbeau qui pourrissait sa vie, ainsi que celle de son entourage. Au menu, écoutes téléphoniques, menaces de mort, effractions, filatures, courses-poursuites en plein Paris. Un règlement de comptes très « secret Défense » et une guerre qui oppose en réalité Gilles Ménage au nouveau Premier ministre de Jacques Chirac, Alain Juppé. Une observation : comme j'ai obtenu un non-lieu, cette affaire, qui révèle en réalité la bataille au sommet de l'État pour mettre la main sur les archives secrètes de Mitterrand, ne trouve aucun écho dans la presse...

Tel est, brièvement résumé, l'ordinaire de ma vie de chef d'entreprise. Dès 1984, j'ai en effet créé, avec succès, ma propre société de sécurité. Un pari loin d'être gagné d'avance tant les chausse-trapes placées sur ma route furent nombreuses. L'un de mes premiers associés, par exemple, comme il devait le confesser à demi-mot devant le juge Valat, était en réalité en service commandé pour le compte de l'Élysée dans le cadre d'une mission relevant soi-disant du « secret Défense ». C'est en tout cas ce que j'ai cru percevoir de l'interrogatoire suivant dans le cadre de l'instruction sur les écoutes de l'Élysée.

Le juge : — Les archives de Prouteau établissent que, dès 1983, Paul Barril a été considéré par la cellule comme un personnage sulfureux[1]. Comment se fait-il que vous ayez travaillé avec lui à la société Secrets quelques années plus tard ? Y êtes-vous allé en service commandé ou au contraire aviez-vous une opinion différente de celle des autres membres de la cellule ?

Réponse : — Ça a été tout simplement une erreur d'appréciation de ma part.

Le juge : — Je pensais que les membres de la cellule, c'est tout du moins ce qu'ils m'ont dit, avaient essayé de vous dissuader de vous associer avec Paul Barril ?

Réponse : — Personne n'a essayé de me dissuader.

Le juge : — Vous m'avez expliqué qu'à propos de l'affaire des Irlandais de Vincennes, vous n'étiez pas loin de penser que c'est Paul Barril qui avait mis les armes. Comment se fait-il qu'un fonctionnaire, serviteur loyal de

---

1. En réalité, le juge se trompe, ou plus exactement a été induit en erreur, en pensant que, dès 1983, j'étais considéré comme « sulfureux ». (*N.d.A.*)

l'État, s'associe avec quelqu'un dont il pense qu'il a mis les armes chez les Irlandais ?

Réponse : — Vous m'interrogez sur mes activités professionnelles et je ne peux pas vous répondre.

Le juge : — Je vous interrogeais sur votre moralité, vous me répondez qu'il s'agissait de votre activité professionnelle, ce qui semble vouloir dire que vous étiez en service commandé lorsque vous étiez associé avec Paul Barril.

Réponse : — Tout ceci ressort d'une interprétation qui vous est propre.

Le juge : — Quel était votre numéro de code à la cellule ?

Réponse : — Y avait-il des numéros de code ?

Bien sûr qu'il y en avait ! Mais il était défendu de les révéler : « secret Défense ». Sinon à quoi serviraient les codes ? Reconnaissons-le, le juge Valat pose des questions délicates.

Autre péripétie peu ordinaire pour un chef d'entreprise : mon interpellation *manu militari* devant l'un de mes clients. C'était en mai 1996, alors que je séjournais avec l'émir du Qatar à l'hôtel Crillon. Un magistrat parisien, Frédéric N'Guyen, me fait interpeller publiquement, menotter et conduire au dépôt, la fameuse souricière du Palais de Justice. Motif avancé : proxénétisme ! Dans la foulée, le juge tente de me faire écrouer. Il n'est pas nécessaire d'être diplômé d'une grande école pour comprendre qu'un chef d'entreprise, travaillant de surcroît dans le domaine sensible de la sécurité, ne profite guère de ce genre de publicité. Logiquement, j'aurais dû mettre depuis longtemps la clé sous la porte. Non seulement, l'émir m'a conservé sa confiance mais, en guise de protestation, il a aussitôt quitté Paris pour aller s'installer à Londres. Définitivement. Accessoirement, il a aussi annulé la visite qu'il devait effectuer quelques jours plus tard au salon aéronautique du Bourget ! Le téléphone a beaucoup sonné entre le Quai d'Orsay, la Chancellerie et le parquet. C'est ainsi.

Certains verront, au travers de cet épisode, l'indice que le capitaine Barril est « protégé » et qu'une fois encore il est passé entre les mailles du filet grâce aux hautes protections dont je pourrais bénéficier. C'est très exagéré et faire peu de cas de l'indépendance de la justice. Je ne suis en tout cas guère suspect d'avoir « profité », dans le cadre de mes activités de « proxénète », de mes « relations privilégiées » à la cellule de l'Élysée. Les sympathies du juge N'Guyen semblaient se porter plutôt vers Christian Prouteau. À preuve :

Présidence de la République   *Le 3 mars 1987*
                                                N° 23/2

Le Conseiller Technique

NOTE

à l'attention de Monsieur le Président de la République

OBJET : Affaire dite de « La Brise de mer ».

Le dossier « La Brise de mer » est entre les mains d'un juge courageux et efficace, avec lequel j'entretiens depuis plusieurs années de très bonnes relations, le juge N'Guyen. Au moment d'aborder un des points les plus difficiles du dossier, le rôle joué dans cette affaire par M. Pasquini, député et maire de L'Île-Rousse, il m'avait fait part de ses craintes quant à d'éventuelles pressions, qui pourraient être exercées à son encontre. J'avais de mon côté, d'après mes informations, le sentiment que le RPR, sentant que le dossier n'était pas clair, ne soutiendrait pas M. Pasquini. Le juge a poursuivi son enquête avec sa ténacité coutumière et depuis de nombreuses

arrestations ont été effectuées. De ce fait, ce qu'il soupçonnait entre le politique et le milieu s'est un peu plus
révélé. Comme par hasard depuis un mois, il est l'objet
d'une enquête administrative sur l'utilisation des fonds de
justice, envoyés par M. Sadon. *Nice-Matin* s'est fait abon-
damment l'écho, en des termes désobligeants pour les
juges de Bastia, sur l'existence de cette enquête. Il n'est
pas douteux que son rôle même est de déstabiliser le juge,
voire de l'inciter à faire preuve de moins de zèle dans
l'enquête sur « La Brise de mer ».

Christian Prouteau

Étant sans relations du côté des gangsters de « La
Brise de mer », je n'ai jamais eu à souffrir d'un manque
de zèle, d'un relâchement dans la ténacité des nombreux magistrats qu'il m'a été donné de rencontrer.
Bien au contraire, invariablement aussi courageux
qu'efficaces, leur assiduité à me courtiser s'est rapidement répercutée sur ma vie familiale. D'une manière
générale, les épouses ne goûtent guère le désordre et
encore moins celui occasionné lors d'une perquisition.
C'est en effet une règle non écrite que le contenu de
chaque tiroir doit être répandu par terre. Une fois, ça
va. Lorsque la plaisanterie vient à se répéter un peu
trop souvent, elle finit par lasser. Encore ne s'agit-il que
de la partie visible de l'iceberg. Lorsqu'aux ennuis
légaux viennent s'ajouter les coups tordus — appels
téléphoniques anonymes, écoutes, camionnette aux
vitres teintées qui stationne devant le domicile, filatures
et parfois menaces de mort — voilà qui ne contribue
pas à détendre l'atmosphère familiale.

Barril par-ci, Barril par-là, à maintes reprises ces dernières années, et plus particulièrement lors de la découverte
d'une partie des archives de Mitterrand dans le box de
Christian Prouteau, j'ai dû assurer vigoureusement la
sécurité physique de mes proches. Vingt ans d'instruction

judiciaire donc, quinze volumes, des milliers de pages, cent témoins pour une affaire qui remonte à 1982, voilà qui donne la mesure de l'effort entrepris par la justice — laquelle crie pourtant famine — pour étayer l'hypothèse d'une abominable machination ourdie contre trois malheureux innocents. Vingt ans après, je m'aperçois que je n'ai pas trop vieilli. Je continue d'appeler un chat un chat et des gens qui posent des bombes ou qui assassinent, des terroristes !

Chapitre 2

Les preuves parfaites

Vingt ans d'instruction dans l'affaire des Irlandais de Vincennes, c'est bien long si l'on songe que la théorie du montage a été parfaitement établie par *Le Monde* et son investigateur vedette, Edwy Plenel. Un exploit qui n'est d'ailleurs pas totalement étranger au fait que ce dernier occupe aujourd'hui le fauteuil convoité de directeur de la rédaction du prestigieux quotidien.

À l'origine du bras de fer que le quotidien du soir a engagé contre moi, les circonstances tout à fait extraordinaires qui m'ont vu perdre l'action en diffamation que j'avais, bien imprudemment, engagée contre Plenel. C'était une grosse erreur. On ne peut pas gagner contre *Le Monde*.

Ne faisant, à l'époque, l'objet d'aucune poursuite judiciaire, n'ayant même jamais été entendu comme simple témoin par aucune juridiction dans le cadre de cette affaire, les tribunaux se trouvaient confrontés à une lourde responsabilité. En effet, la cour d'appel souligne que les imputations portées contre moi par *Le Monde* constituent, je cite, « une accusation d'une exceptionnelle gravité », de nature à me « discréditer (...) et à ruiner définitivement [ma] réputation, tant au plan professionnel qu'au plan personnel ». Ce n'est pas rien ! Il faut savoir qu'en matière de diffamation, les critères imposés par la loi pour prouver la vérité des faits sont particulièrement contraignants. L'offre de preuve doit être « parfaite », « absolue » et « complète ». Or, ce n'est que sur la base d'une simple enquête journalistique appuyée par l'unique témoignage d'un indicateur, terroriste repenti, qu'au terme de trois années d'introspection la cour d'appel a pris la décision de « ruiner définitivement ma réputation ».

Il arrive parfois que l'on perde un procès parce qu'on est mal défendu. Je m'empresse de dire que ce n'était pas le cas. Avec Hélène Clamagirand, Joséphine Trang, Patrick Rizzo et Jacques Vergès, j'avais rassemblé autour de moi une véritable « task force », dont la somme des compétences ne venait, paradoxalement, que souligner davantage ma déconfiture.

Entre ce procès perdu et ma convocation au printemps à Versailles, il s'écoule presque dix années au cours desquelles la justice va instruire la plainte qu'a déposée l'avocat des Irlandais en 1993. Nous savons que la justice n'est pas toujours rapide, mais dans ce cas, l'essentiel du travail est fait et les « preuves » de ma culpabilité entre les mains de la cour d'appel, de la Cour de cassation et bien entendu dans la collection du *Monde.* Faut-il en conclure que ce n'était pas suffisant ? Au risque de me répéter, mais c'est, je crois, essentiel, le juge va donc entendre plus de 100 témoins et son dossier compte aujourd'hui 15 volumes et 10 000 pages. Anecdote qui va d'ailleurs me coûter la bagatelle de plusieurs dizaines de milliers de francs rien qu'en frais de photocopies pour obtenir un exemplaire du dossier dans lequel je suis accusé ! C'est un détail qui n'en est pas un au regard du nombre de procédures dans lesquelles j'ai ainsi été amené, pour assurer correctement ma défense, à obtenir copie. Avant même de parler de

« défense », il faut en effet, dans ce pays, payer pour être informé de manière précise de ce dont on vous accuse. Les grosses affaires pesant souvent plusieurs milliers de cotes et votre avocat ne pouvant pas décemment camper en permanence dans le couloir du juge d'instruction, la facture s'élève rapidement à plusieurs dizaines de milliers de francs.

Cette difficulté, la presse l'ignore. Par magie, elle réceptionne, quasiment en temps réel, les procédures. Avant même que l'encre n'en soit sèche. Je ne vais pas pleurnicher sur les violations du secret de l'instruction. Il faut savoir vivre avec son époque. En revanche, je m'insurge contre le fait d'être soumis à un interrogatoire sans avoir pu, au préalable, prendre connaissance d'un dossier dont les pièces savoureuses ont déjà été distribuées à certains journalistes. Ce qui est choquant, ce n'est pas la violation du secret de l'instruction, qui correspond au désir légitime de la presse de révéler une information, c'est l'opération politique qui souvent l'accompagne.

« Barril mis en examen ? Pas étonnant d'ailleurs, tu n'as pas lu, il préparait même un attentat contre Mitterrand ! » Toujours ce même souci de brouiller l'image, de rendre inaudible ma voix. Faut-il que l'on redoute ce que j'ai à dire ? À quelque chose malheur est parfois bon car, en définitive, c'est cette situation qui va me permettre de découvrir en « exclusivité » et pour la modique somme de 7,50 francs, le fruit des investigations judiciaires qui viennent, au printemps 2001, justifier le rebondissement que constitue ma mise en examen.

Reportons-nous à l'article du *Monde* du 6 avril, qui avait mis de si joyeuse humeur Me Vergès.

« La responsabilité directe de Paul Barril dans la manipulation orchestrée en août 1982 afin de légitimer l'interpellation de trois personnes présentées comme de "dangereux terroristes" avait été établie par une décision du tribunal correctionnel de Paris confirmée en novembre 1995 par la Cour de cassation relaxant *Le Monde* des poursuites engagées par l'ancien gendarme de l'Élysée. Avérée, l'implication de M. Barril dans le "montage" opéré au détriment de Mary Reid, Stephen King et Michael Plunkett a été renforcée par les témoignages recueillis par le juge Madre. Plusieurs gendarmes lui ont déclaré que Paul Barril avait dissimulé lui-même, dans l'appartement des Irlandais, les armes et le pain de plastic destinés à les confondre. »

Fabrice Lhomme, auteur de l'article, renvoie le lecteur à l'article publié en octobre 2000 dans lequel il avait déjà dévoilé l'essentiel de son scoop. C'est ainsi que les 400 000 lecteurs de son journal purent prendre connaissance de l'accablante déposition faite contre moi, le 4 février 1998, par Jean Pineau, ancien commandant de la compagnie de gendarmerie de Vincennes. La date a son importance. Comme par extraordinaire, et pour démentir l'habituelle célérité avec laquelle les procès-verbaux s'empilent à la rédaction du *Monde*, ce témoignage, jugé pourtant essentiel, assez pour que le quotidien du soir lui consacre sa une, a donc mis trois longues années pour « fuiter ». Une performance. Cette fuite précède de quelques jours la sortie d'un de mes livres intitulé *L'Enquête explosive*. Décidément, ce journal me prête beaucoup d'attention. Au point d'assurer la promotion de mes ouvrages ? Ayant quelque peu étrillé le directeur de sa rédaction dans *Guerres secrètes à l'Élysée*, je ne crois pourtant pas que tel était le but recherché. J'y vois plutôt la manifestation d'une certaine… fébrilité.

Le témoignage du commandant Pineau vient donc étayer ma culpabilité. Pineau, qui est aujourd'hui à un stade relativement avancé de la retraite, paraît avoir narré en détail au juge les circonstances au cours desquelles il m'a vu dissimuler l'explosif dans les toilettes de l'appartement des Irlandais dits « de Vincennes ». En découvrant ce témoignage, certes tardif mais accablant, j'ai tout de même été ému. Je ne me souvenais pas avoir rencontré ce commandant, ni à Vincennes ni ailleurs. J'ai donc repris mon bâton de pèlerin et me suis mis en chasse. Quelques heures suffirent pour établir que le commandant Pineau n'avait, de notoriété publique, jamais pu participer à l'opération de Vincennes : ce jour-là, il était en permission !

Abracadabrantesque, me dira-t-on, mais authentique. C'est un détail que je me suis aussitôt, bien naïvement, cru autorisé à transmettre aux fins limiers du *Monde*, et d'abord à Fabrice Lhomme, qui a fait ses classes à *France-Soir*. Rien. J'ai utilisé ensuite la voie légale du droit de réponse. En pure perte.

J'ai également écrit au commandant Pineau qui, plus courtois, a bien voulu accuser réception. Dans sa réponse, avec une franchise certaine, il confirme qu'il était bel et bien en permission ce 28 août 1982. *Quid* alors de ses accusations ? Dans sa lettre, le commandant ajoute : « Dans ma déposition chez le juge, je n'ai fait que rapporter ce que j'avais lu dans la presse ou entendu à la radio. » Pineau ne précise pas s'il est abonné au *Monde*...

Même le commandant Beau, qui ne figure pourtant pas au premier rang de mes supporters, dans un courrier adressé au *Monde* et publié, selon l'usage, dans un recoin du quotidien, souligne la faiblesse du témoignage de Pineau. En dépit, une nouvelle fois, de la gravité de l'accusation portée contre moi et de son caractère éminemment spectaculaire (en première page), non seulement *Le Monde* n'a pas pris la peine de vérifier, mais il n'a pas cherché à me joindre, comme c'est, paraît-il, la règle impérative pour pouvoir bénéficier de la présomption de bonne foi. Telle est la nature des preuves si « parfaites » rapportées par *Le Monde* au terme de dix-neuf années et six mois d'investigations intensives. Quant aux autres « témoins », à ces gendarmes évoqués dans l'article et supposés, eux aussi, m'accabler, la portée de leurs dépositions ne me semble guère plus pertinente puisque *Le Monde* omet d'en faire état.

Fouillant dans les recoins du dossier d'instruction, le quotidien du soir est tombé sur un autre témoignage extraordinaire, celui de Christian Prouteau. Fondateur du GIGN (il est titulaire du brevet n° 1 et moi du n° 2), Prouteau fut, des années durant, mon frère d'armes. La vie, les « affaires », mais surtout son envoûtement par Mitterrand ont fait diverger nos routes. Au printemps 1982, lorsqu'il est appelé auprès du chef de l'État pour assurer sa sécurité et monter une structure de lutte contre le terrorisme, c'est la direction de la gendarmerie qui me désigne pour lui succéder à la tête du GIGN. J'assure donc le commandement de cette unité prestigieuse, alors sans équivalent de par le monde. Ce n'est donc pas sans stupeur que je découvre, selon *Le Monde*, que mon ancien chef et ami aurait affirmé au juge que, dès 1982, il « se méfiait de Barril », qu'il soupçonnait de préparer « un attentat contre Mitterrand ». Trop c'est trop... Les bras m'en tombent. Un attentat contre le président de la République ourdi par le responsable du GIGN alors que c'est cette unité qui va précisément servir de vivier aux hommes chargés de sa sécurité. Ce n'est plus un scoop, c'est une « bombe » ! Le complot parfait.

Curieusement, cette information sensationnelle ne donne lieu à aucun développement dans le journal, bien que j'aie droit à ma photo en couleur en première page du quotidien. Pourtant, dès lors qu'il me prête un projet homicide contre le chef de l'État, *Le Monde* se devait d'apporter des précisions. Si l'accusation, au contraire, est jugée farfelue, pourquoi en faire état ? Le résultat est là : ces informations minent ma réputation, me discréditent. Je rappelle, incidemment, que je suis chef d'entreprise et que mon activité consiste à assurer la sécurité des biens et des personnes, en particulier celle de chefs d'État.

C'est pourtant ce projet d'attentat qui enchante Jacques Vergès. Il me traite de « petit cachottier » mais surtout me reproche de ne pas l'avoir associé à cette conjuration. « Ensemble nous aurions réussi », m'assure-t-il en éclatant de rire. « Peut-être, mais à l'époque, j'étais chargé de vous neutraliser », lui fais-je observer.

Plus sérieusement, je crois qu'il y a matière à s'interroger sur d'aussi grossières manifestations de « dilettantisme » dans un journal dit de « référence ».

Chapitre 3

D'où parles-tu, camarade ?

Sans doute existe-t-il deux Edwy Plenel. Le premier éditorialise, exhorte, conjure, prêche, pontifie. Chevalier sans peur et sans reproche, c'est parce qu'il n'a pas craint de « porter la plume dans la plaie » qu'il est devenu l'investigateur que nous savons et, peu ou prou, la seule et unique victime du « cabinet noir » de François Mitterrand. Et puis, il y a son double, « Benêt », nom de code que lui avaient effectivement attribué les hommes du Président, ceux qui l'avaient placé sur écoutes entre 1983 et 1986. Je me souviens qu'en 1993, lorsque devaient être révélées dans la presse les écoutes de l'Élysée, *Le Monde* avait pris soin d'apporter cette intéressante précision : sur les fiches d'écoutes reproduites — non sans une certaine gourmandise — par *Libération,* il fallait lire « Bene » à l'italienne, tel « béné béné », et non pas « Benêt ». La nouvelle était d'importance ! Malheureusement, et autant que je puisse le savoir, c'est bien « Benêt » comme un benêt qu'il fallait lire, et l'on va comprendre pourquoi.

À défaut de pratiquer le journalisme de fréquentation, Edwy Plenel n'en est pas moins une tête familière au ministère de l'Intérieur dès le début des années 80. Venu du *Matin de Paris* où il traitait d'éducation, il entre au *Monde* en 1980 où, quelques mois plus tard, il est appelé à suivre les affaires de police. Il lui faudra patienter jusqu'à la nomination de Pierre Joxe à la tête du ministère de l'Intérieur pour donner la pleine mesure de son talent.

Edwy Plenel vient de la Ligue communiste révolutionnaire, la formation d'Alain Krivine. Des antécédents dont il n'a nullement honte mais dont il considère tout de même que c'est faire œuvre de « basse police » que de les mentionner. C'est ce qu'il soutient dans un de ses livres, *La Part d'ombre*. Évoquant un article de l'hebdomadaire *Magazine Hebdo* qui avait osé rappeler ses fonctions d'ex-directeur de publication du mensuel des Jeunesses communistes révolutionnaires *Barricades* et ses débuts journalistiques à *Rouge*, quotidien de la Ligue, Plenel dénonce « cette pauvre contre-attaque » émanant d'un journal qui « avait cru faire une trouvaille », laquelle « n'était pas la sienne mais celle de la cellule de l'Élysée », en réalité une « campagne de presse organisée par les maladroits archivistes de la cellule ». Il poursuit : « Ce maigre dossier, ce *Barricades* où un innocent éloge de Boris Vian et de sa "manière d'être réaliste en demandant l'impossible" entourait l'"ours légal", devenu pièce à conviction puisque y figurait mon nom, fut donc transmis par l'un des policiers de l'Élysée à des journalistes amis bien peu socialistes. Les voies de la basse police sont impénétrables : déstabilisés par l'affaire des Irlandais de Vincennes, les hommes du Président ripostaient en faisant appel aux pires ennemis du pouvoir, des journaux de combat, *Minute* et *Magazine Hebdo*. »

Ce qui me frappe en relisant ces lignes, ce n'est pas tant le mépris, ni ce ton moralisateur, mais l'outrecuidance. Seuls les allers-retours incessants de Plenel au ministère de l'Intérieur constituent une démarche journalistique légitime, ceux de ses confrères, qui puisent aux mêmes sources, relèvent, dès lors qu'ils sont catalo-

gués « ennemis du pouvoir », des poubelles et de la
« basse police ». Au demeurant, François Mitterrand
n'était pas dupe. Christina Forsne rapporte, dans un
livre de souvenirs intitulé *François* : « Le Président tempête. Il affirme que Plenel, ancien militant trotskiste, est
guidé par ses convictions politiques et fait preuve de
malhonnêteté professionnelle. » Nous sommes alors en
pleine affaire Greenpeace.

De son passé militant au sein d'une organisation
communiste révolutionnaire, Plenel ne retient donc
qu'un « éloge » de Boris Vian, « deux mois d'arrêts de
rigueur » pour avoir signé une pétition réclamant la
gratuité des transports, et le souvenir que « loin d'être
une armée de petits soldats, la Ligue communiste était
un lieu de débats où le sectarisme était moins prisé
qu'ailleurs, où l'internationalisme et l'antifascisme étaient
des vertus cardinales, où, enfin, une lecture humaniste
et critique de Marx prévalait sur celle, scientiste et dog-
matique, d'Althusser ». Plenel prend ses lecteurs pour
des benêts.

Section française de la IVe Internationale, la Ligue
communiste révolutionnaire n'est pas un parti politique
comme les autres. C'est une organisation qui milite
pour la révolution mondiale, la destruction de la société
capitaliste, la dictature de prolétariat. À l'origine du
schisme au sein du parti bolchevique entre Trotski et
Staline, une divergence stratégique : Staline est favorable à la révolution dans un seul pays, l'URSS, quand le
fondateur de l'Armée rouge juge que la révolution doit
être exportée sur toute la planète. Une divergence qui
se réglera par la liquidation systématique des trotskistes,
même bien au-delà des frontières de l'URSS et qui se
traduira de manière spectaculaire par l'assassinat à
coups de piolet de Léon Trotski. Autant de meurtres

qui ne font pas pour autant des militants trotskistes les doux contemplateurs des œuvres de Boris Vian, ni de la démocratie. Quand bien même Alain Krivine, qui siège aujourd'hui au Parlement européen, semble faire partie du patrimoine national, il n'a, que je sache, jamais abdiqué ce pourquoi il milite avec constance depuis quarante ans : l'instauration sur la planète d'une société communiste.

Soumises à la traque des Soviétiques mais également en guerre avec les forces impérialistes, les formations trotskistes ont, au fil du XXe siècle, développé une solide culture de la clandestinité, de l'entrisme, de l'infiltration, de la manipulation du « mouvement social ». Qu'on ne vienne pas me dire qu'il s'agit d'histoire ancienne ! Au printemps 2001, c'est le camarade Lionel Jospin qui vient remettre ses pratiques au goût du jour. Et de quelle façon ! Au terme de quarante années de réflexion, le Premier ministre finit par avouer, piteusement, qu'il a bien appartenu clandestinement à l'OCI (Organisation communiste internationaliste), formation trotskiste concurrente de celle d'Alain Krivine. Candidat à l'élection présidentielle de 1995 avec comme slogan « Jospin c'est clair », il avait non seulement caché cette appartenance mais surtout juré qu'on le confondait avec son frère, également haut responsable de l'OCI. Comment mieux expliquer ce qu'est le trotskisme, sa puissance, ses mensonges, sa dissimulation ?

47 % des Français ont donc voté pour un homme dont ils ignoraient le passé secret, un homme qui a adhéré au Parti socialiste, en est devenu le premier secrétaire, mais qui continuait d'appartenir à une organisation révolutionnaire avec laquelle il est resté secrètement en contact jusqu'en 1987. On mesure ce que lui a

coûté cet aveu. Il n'est guère difficile de comprendre à quel point l'homme politique Jospin était à la merci des révélations des dirigeants de l'OCI qui, à tout moment, pouvaient rendre publiques les vingt années minutieusement archivées de ces rencontres entourées de mesures exceptionnelles de sécurité entre l'organisation et le jeune énarque recruté dans les années 60. Le Premier ministre était donc l'otage d'un groupuscule qui ne compte pas un millier de militants ! Telle est la puissance totalement méconnue et tue des organisations trotskistes !

Rendons à César ce qui est à César : c'est, assez curieusement, *Le Monde* qui, en mai 2001, décide de mettre sur la table le passé dissimulé du Premier ministre. Il convient d'observer que le trotskisme de Jospin est un vieux serpent de mer, que de nombreuses révélations et témoignages avaient déjà établi. Les choses sont ainsi dans ce pays que les « vérités » ne peuvent être révélées que par *Le Monde*. La véritable question est de savoir pourquoi sa « rédaction » — c'est ainsi que fut signé l'article anonyme sur le passé de Jospin — s'est subitement jetée sur l'os qu'elle avait dédaigné si longtemps ?

Le premier article est intervenu au lendemain d'un voyage mouvementé au Brésil au cours duquel le Premier ministre avait malmené une journaliste de l'AFP. Un incident qui avait non seulement arraché un torrent de larmes à la malheureuse mais également un flot de protestations de la profession. Le retour au pays de Jospin s'était aussi traduit par le flop retentissant de sa visite aux sinistrés d'Abbeville. L'image du Premier ministre s'en était trouvée affaiblie et sa majorité plurielle semblait battre de l'aile. Même Robert Hue n'était pas content et osait le dire !

Il faut dire qu'il avait quelque raison de s'inquiéter. Sur sa gauche, Arlette Laguiller et Alain Krivine envisagent de s'unir et déjà les instituts de sondage de pronostiquer que la candidate trotskiste pourrait obtenir un score supérieur à celui du PCF. C'est dans cette fenêtre de tir particulièrement délicate pour Jospin que la « rédaction du *Monde* » décide de publier ses « révélations » sur le passé de « l'austère qui se marre ». Ceci à partir de vieilles histoires que d'aucuns seraient tentés de qualifier de « basse police ». Il est vrai que l'OCI de Jospin et la LCR de Krivine et Plenel n'ont jamais fait bon ménage. Nombre d'« ex »-dirigeants de la Ligue communiste révolutionnaire se sont recasés chez... Fabius. D'ailleurs n'est-ce pas dans *Globe*, tontonmaniaque mais d'inspiration très fabiusienne, qu'avaient surgi, il y a dix ans, les premières révélations sur les antécédents du « camarade Michel », de son vrai nom Lionel Jospin ?

Un autre aspect mérite d'être souligné : l'angle adopté par *Le Monde* pour présenter ses révélations. C'est à peu près mot pour mot l'argumentaire adopté par Edwy Plenel pour justifier ses dix années de militantisme au sein de la LCR. En substance : « Cet engagement n'avait rien de honteux, les trotskistes étaient les plus ardents dénonciateurs du stalinisme, le seul tort de Jospin est d'avoir dissimulé cet engagement, etc. »

Je n'ai trouvé dans la presse qu'une voix dissonante, celle de Stéphane Courtois, historien, directeur de la revue *Communisme* et maître d'œuvre du *Livre noir du communisme*. Dans les colonnes du *Figaro*, le 7 juin 2001, il émet de si pertinentes observations qu'elles ne seront reprises nulle part. Ainsi sur Jospin : « Ce qui est grave, c'est le soin porté par Lionel Jospin à cacher les faits. C'est là le problème car je crois que cette attitude relève d'une espèce de culture de la clandestinité qui est tout à fait propre aux communistes en général et aux trotskistes en particulier. Je trouve cela gênant, d'autant que le Premier ministre n'a pas répondu à la question de fond qui est : quand a-t-il réellement quitté cette organisation ? » Stéphane Courtois ajoute : « Je sais bien qu'il y a actuellement une grosse offensive de la part d'un certain nombre de trotskistes ou de sympathisants trotskistes pour nous expliquer que les disciples de Trotski ont toujours été antitotalitaires. Et même, dans certains ouvrages publiés récemment sur le totalitarisme, on peut lire cette perle : Trotski présenté comme un des inventeurs de la notion de totalitarisme. Ce qui est tout de même littéralement stupéfiant. Face à la mémoire courte, il faut quand même rappeler quelques éléments de base. Jamais le système bolchevique, donc communiste, n'aurait pu être mis en place sans la personne de Trotski, car s'il est vrai que Lénine a théorisé l'action bolchevique, c'est bien Trotski qui a pris le pouvoir, qui a conduit l'insurrection. C'est lui ensuite qui a créé cette Armée rouge sans laquelle ce système n'aurait pas pu subsister. Il faut rappeler que cette armée a été forgée dans le fer et dans le sang, qu'elle a toujours été une armée de guerre civile nationale et internationale. Le système totalitaire n'a pas été mis en place par un seul homme, mais par trois : Lénine, Trotski et Staline entre 1917 et 1923, avec la création d'une police politique, d'une armée de guerre civile et d'un parti qui instaure le système du parti unique, de l'idéologie obligatoire et de la terreur. »

Ce mythe d'un « antistalinisme viscéral » des formations trotskistes en général et de la Ligue communiste révolutionnaire en particulier est d'autant plus entretenu qu'il permet de masquer un soutien bien réel aux intérêts de l'URSS. Une ambiguïté qui n'échappe pas à ce fonctionnaire des Renseignements généraux chargé de suivre, par exemple, la manifestation « unitaire » de protestation suite aux bombardements par l'aviation américaine d'objectifs libyens dans la nuit du 14 au 15 avril 1986. Le rédacteur de ce « document de travail » relève : « Les formations d'extrême gauche présentes ont en fait saisi ce prétexte pour se montrer proches des organisations qui ne cachent pas leur sympathie pour l'URSS, notamment la Ligue trotskiste de France [*sic* !]. Ainsi les banderoles, les propos tenus par M. Alain Krivine au terme de la manifestation et les slogans scandés par les militants témoignent de cette attitude. À titre d'exemple, l'une des banderoles s'intitulait : "Défense de l'Union soviétique", tandis que les principaux slogans étaient : "Aujourd'hui la Libye, demain le Nicaragua" ; "À bas l'impérialisme yankee", "Défendons l'URSS". Enfin, M. Alain Krivine, dans sa prise de parole, a affirmé que "l'attaque contre la Libye visait en fait l'Union soviétique". » Chacun ses préoccupations ! Ceux qui me connaissent savent le combat que je mène en Afrique et ailleurs pour contrecarrer l'influence américaine afin d'y défendre des intérêts français. Nombreux sont ceux qui, en France, ont déploré, condamné pour diverses raisons, le bombardement américain contre le colonel Kadhafi. Rares sont ceux qui l'ont fait au nom de la défense des intérêts d'une puissance étrangère, l'une des pires dictatures de la planète.

Fondateur de la Ligue communiste, Alain Krivine a été exclu du Parti communiste français en 1965 pour l'action souterraine qu'il menait en son sein au profit du Parti communiste internationaliste dont il est l'agent clandestin. Les organisations trotskistes ont ainsi appris à compenser leur faiblesse numérique par la capacité de leurs militants à encadrer, infiltrer, manipuler des grévistes, des lycéens en colère, des appelés du contingent mécontents de la solde, des mouvements indépendantistes ou de libération, etc., l'objectif étant d'étendre ces conflits à l'ensemble de la société. Les militants d'Alain Krivine, dès 1985, jouent un rôle déterminant dans le déclenchement des événements qui ont ensanglanté la Nouvelle-Calédonie à la veille de l'élection présidentielle de 1988 et qui se sont soldés par de nombreux morts, tant chez les gendarmes que chez les Kanaks, ceci au terme de véritables actions de guerre civile. C'est un fait aussi incontestable que celui d'observer qu'Edwy Plenel s'est montré solidaire de l'objectif politique de la LCR : l'indépendance de la Kanakie.

Plenel, avec son objectivité coutumière, n'a pu s'empêcher d'associer mon nom aux dramatiques événements d'Ouvéa, fruit du minutieux travail politique de ses ex-camarades. Dans *La Part d'ombre*, il écrit : « Quant aux habitants canaques de l'île d'Ouvéa, ils se souviennent encore d'une des inoffensives trouvailles du capitaine : l'équipement du GIGN en matraques télescopiques envoyant des décharges de 40 000 à 80 000 volts. En 1988, quand l'armée cherchait la grotte de l'île où des gendarmes étaient retenus en otages par des indépendantistes, leurs coups rythmaient les interrogatoires. » Un détail : je n'ai jamais mis les pieds en Nouvelle-Calédonie ; je n'ai pas, ni de loin ni de près, été impliqué dans les opérations d'Ouvéa. Ce qui ne m'empêche pas de devenir tortionnaire par procuration. Certes, je suis effectivement l'inventeur de cette matraque. Je ne l'ai pas mise au point dans le dessein de torturer ces Kanaks, mais parce que le GIGN était fréquemment appelé à intervenir pour maîtriser des forcenés, de pauvres types ayant « pété les plombs » qui se barricadent chez eux et tirent sur tout ce qui bouge. Le GIGN a toujours mis un point d'honneur à doser *a minima* le recours à la force et à respecter les vies.

Même en état de légitime défense, nous évitons de tuer ou de blesser gravement ceux que nous sommes chargés de réduire. Tel est le but de cette matraque. Elle permet de faire lâcher instantanément son arme à un individu sans avoir à lui expédier une balle de 357, laquelle va lui broyer l'épaule et le laisser infirme à vie dans la meilleure hypothèse. Naturellement, cela induit une prise de risque supplémentaire pour le gendarme affecté à ce rôle. C'est pourquoi le GIGN déplore plus de blessés dans la maîtrise de forcenés que lors d'opérations où la vie des otages passe avant celle des terroristes ! En ce sens, cette matraque télescopique est une « arme » infiniment moins redoutable que les machettes des militants du FLNKS qui serviront à tailler en pièces quatre malheureux gendarmes de la brigade de Fayaoué, ce dont Plenel ne souffle mot.

Edwy Plenel et moi avons, à six ans près, à peu près le même âge. C'est notre seul point commun. Mes états de service, j'en ai conscience, sont moins glorieux que les siens. À 18 ans, juste après mon bac, suivant l'exemple de mon père, je me suis engagé. Dès 1964, affecté à Berlin pendant la guerre froide, j'ai touché du doigt le fameux Mur, et quelques incursions derrière le rideau de fer, en RDA, m'ont fait découvrir l'ampleur des prodiges accomplis en vingt-cinq ans de dictature du prolétariat. De retour en France, je sors major de ma promotion. Officier, je suis chargé d'assurer la sécurité de sites sensibles de la Défense nationale. Moniteur national de plongée, nageur de combat formé au fameux centre d'Aspretto où s'entraînent les plongeurs de la Direction générale de la sécurité extérieure, moniteur national des techniques commandos, ceinture noire de karaté, parachutiste, je rejoins en 1976, assez logiquement, le GIGN. En dix années, au sein de cette unité spécialisée, j'ai participé à la libération de cinq cents otages en France ou à l'étranger. Pour avoir exposé ma vie à de multiples reprises au service de mon pays, j'ai été décoré de l'ordre national du Mérite par le président Giscard d'Estaing, de la médaille de la gendarmerie, bénéficié de quatre citations, etc. Après l'alternance de 1981, comme Christian Prouteau, j'ai été appelé, en août 1982, au service du nouveau Président alors que j'avais demandé ma mutation en Nouvelle-Calédonie pour y commander un GIGN local. Pour assurer la sécurité du premier des Français, pour lutter, toujours, contre le terrorisme, qui frappait alors aveuglément.

En 1983, au cours d'un entraînement, j'ai fait une chute de 15 mètres et me suis retrouvé paralysé sur un lit d'hôpital, la colonne vertébrale atteinte. L'hélice de mon ULM semble avoir été montée à l'envers. Ce sont des choses qui arrivent. En 1984, au terme d'un engagement ininterrompu de vingt ans au service de l'État, tandis que les amis de Plenel s'installent à Matignon dans le sillage de Laurent Fabius, je quitte l'Élysée et la gendarmerie, écœuré, avec pour seul viatique une carte d'invalidité permanente. Les ennuis vont, pour moi, sérieusement commencer.

Hervé Edwy Plenel est né à Nantes le 31 août 1952. Il est le fils d'un fonctionnaire de l'Éducation nationale, doublé d'un militant anticolonialiste. La puissance coloniale, c'est la France, les « colonisés », les Martiniquais. Inspecteur d'académie, vice-recteur en Martinique lors des émeutes de 1959 qui devaient embraser l'île, il sera durement sanctionné par l'administration pour l'encouragement qu'il apporte aux émeutiers. Radié de l'Éducation nationale, Alain François Plenel se verra même interdire de quitter la métropole de 1963 à décembre 1965 en raison de ses activités jugées alors contraires aux intérêts de la France.

C'est à 18 ans, en 1970, qu'Edwy rejoint les rangs de la Ligue communiste, parti qui succède à la Jeunesse communiste révolutionnaire, dissoute par le général de Gaulle en juin 1968. Pour autant qu'on puisse fixer la date avec certitude, retenons celle qu'il nous propose : à l'issue de son service militaire en mai 1979, au terme de dix années de militantisme, Plenel, dit « Joseph Krasny » (tous les militants des organisations trotskistes sont ainsi affublés d'une identité factice destinée à compliquer leur identification), cesse son activité militante. Une activité fournie : membre du comité central, journaliste à *Rouge* à partir de 1976, il chapeaute le secteur éducation-jeunesse. Il se voit confier la direction de *Barricades* en 1979. Parallèlement, il suit des cours de sciences politiques, « option renseignement ».

L'époque est agitée. La lecture de la collection de *Rouge* en témoigne. « Notre bilan est positif », se félicite Gérard Filoche, aujourd'hui inspecteur du travail et à ce titre fréquemment invité dans les colonnes du *Monde*, dans l'édition du 13 octobre 1971 : « Nous avons réuni 30 000 personnes pour le centenaire de la Commune ; nous avons mis à sac les consulats américain et sud-vietnamien. » Cette attaque a vu plusieurs centaines de manifestants, armés de barres de fer et de cocktails Molotov, prendre d'assaut la légation. Les Américains ne l'ont pas oublié. Alain Krivine s'est donc vu refuser, au printemps 2001, l'accès au territoire des États-Unis alors qu'au titre de ses fonctions de député européen il prétendait venir enquêter sur le réseau « Échelon », un système d'écoutes américain bien plus puissant que celui mis en place par François Mitterrand puisqu'il couvre l'ensemble des communications de la planète ! La prétention de Krivine, il faut bien le dire, ne manquait pas de comique. Mais les Américains, dont personne ne conteste sérieusement le caractère démocratique des institutions, sont ainsi faits qu'ils ne manifestent sur ces sujets aucun sens de l'humour. Krivine, pour la double raison qu'il fut le commanditaire de cette action armée contre les intérêts américains ainsi que pour son appartenance à une organisation communiste, ne pouvait qu'être refoulé. Le même traitement est appliqué aux responsables communistes et aux anciens nazis. Suite à l'insistance outragée du Parlement européen, il sera malgré tout autorisé à pénétrer aux États-Unis.

Mon propos n'est pas de recenser les innombrables manifestations de violence auxquelles fut associé l'ex-parti d'Edwy Plenel et qui devait conduire, une nouvelle fois, à sa dissolution en 1973. Ces « débordements » ou, pour parler comme Cohn-Bendit, ces « provocations » sont le plus souvent mis sur le compte d'une chaude ambiance héritée de Mai 68. Ce qui revient à se tromper lourdement sur le rapport qu'entretient la secte trotskiste de Krivine avec la violence révolutionnaire, la minutie avec laquelle son recours est planifié. On en trouve l'illustration dans *Rouge* (n° 149 du 18 mars 1972) avec cette analyse de la mise à sac du consulat américain : « L'action révolutionnaire violente, illégale, ne prend sa signification que par rapport à un contexte politique général et à un niveau de conscience des masses qui présentent des traits suffisamment exceptionnels pour que ce type d'action ne se retourne pas contre ses auteurs. Aussi, lors de la provocation fasciste du 9 mars 1971, des organisations révolutionnaires ont pris le risque de convoquer et d'encadrer une manifestation armée ; lorsque la Ligue communiste a organisé, à l'occasion des élections fantoches de Saigon, l'attaque du consulat américain à Paris, un certain nombre de risques calculés ont été pris, mais sur la base d'une analyse précise et correcte des conditions politiques qui rendaient ces actions réalisables et, de ce fait, le pouvoir s'est avéré incapable de sanctionner efficacement ces actions illégales. » « Manifestations armées, actions illégales, analyse précise, risques calculés », les formations trotskistes ne sont pas des partis politiques comme les autres. La Ligue communiste révolutionnaire est un parti de guerre révolutionnaire. Si les trotskistes privilégient le travail politique davantage que les démonstrations exubérantes du gauchisme, ils condamnent (en théorie) les « actions individuelles », c'est-à-dire le terrorisme, jugées contre-productives. Leur but ultime est la prise du pouvoir au cours d'une insurrection armée, lorsque le rapport de force sera jugé favorable.

Quelques mois après son adhésion, Edwy Plenel pouvait s'en convaincre en parcourant le numéro de *Rouge* du 1ᵉʳ juin 1970 qui fixait sans ambiguïté la position de son parti. Ainsi, sous l'intitulé « Violence révolutionnaire », est-il exposé : « Le pouvoir d'État de la bourgeoisie ne se conquiert pas par paliers, ne s'investit pas étage par étage. Il se détruit et de façon violente, lors d'une insurrection violente, lors d'une insurrection armée préparée de longue date. Lors de la crise révolutionnaire, l'affrontement entre les bandes armées de l'État et les prolétaires organisés se fait les armes à la main. » Et l'auteur de conclure fort logiquement que « le devoir de tout révolutionnaire est de faire la révolution ». CQFD.

Pour faire la révolution, il faut des armes ou soustraire celles-ci aux « bandes armées » du pouvoir. C'est la raison pour laquelle les disciples du fondateur de l'Armée rouge apportent une attention particulière au travail politique effectué dans les casernes, au sein de l'armée, de la police. La leçon majeure que Krivine tire des événements de Mai 68, et en particulier du voyage éclair du général de Gaulle à Baden-Baden auprès de Massu, c'est que le pays n'a pas basculé à cause de l'armée. Le travail « aux armées » devient donc un

50

objectif prioritaire. Et c'est pour prévenir toute « velléité putschiste » que la Ligue réclame « le droit à l'organisation politique et syndicale des soldats du contingent » ainsi « que la dissolution des corps de répression, CRS, gendarmes mobiles », etc. « C'est à "l'avant-garde" révolutionnaire, soit aux meilleurs militants, qu'est ainsi confiée la tâche prioritaire, nous enseignent encore les *Cahiers rouges* du 10 novembre 1969, d'introduire dans l'armée des noyaux révolutionnaires, de contribuer à sa disparition, de retourner certains régiments en cas de crise révolutionnaire. »

Telle est l'éducation politique reçue par Edwy Plenel durant dix ans, expérience dont il dit : « Je sais ce que je lui dois. » Observation à laquelle je ne peux que répondre : « Moi aussi ! » Plenel a bien fait partie de cet avant-garde militante qui, instruite de l'exemple « des militants révolutionnaires portugais », « sait que l'armée est la principale source d'approvisionnement en matériels modernes et qu'une armée de conscrits est plus poreuse, plus sujette aux "pertes" qu'une armée de métier ». Lors du congrès constitutif de la Ligue à Mannheim, c'est-à-dire à l'étranger, en avril 1969, cette priorité du « travail politique » avait été longuement mise en avant. Une note, adressée par le cabinet réservé du ministre de la Défense, retrace pour Charles Hernu les états de service du soldat Plenel au sein de l'armée française : « Incorporé en août 1978 à la base aérienne 101 de Toulouse, il a provoqué aussitôt des pétitions revendiquant la gratuité des transports et la création de comités de soldats. Muté à la BA 2/4 de Limoges, il y a créé un comité syndical de soldats et une antenne du comité Droits et libertés dans l'institution militaire. Puni d'arrêts de rigueur, il a été muté à la BA 265 de Rocamadour où il a poursuivi ses activités puis à la BA 132 de Colmar. En mai 1979, soutenu par l'UNSJ et Amnesty International, il a porté plainte contre M. Yvon Bourges, ministre de la Défense, coupable à ses yeux de l'avoir puni illégalement. » La plainte n'a pas été jugée, pour une fois, recevable par les autorités judiciaires.

Sauf vocation particulière, les « obligations militaires » sont, depuis toujours, ressenties le plus souvent comme une corvée. Edwy Plenel n'est pas un « insoumis », un « réfractaire », un « appelé indiscipliné ». C'est, au contraire, un militant discipliné qui applique à la lettre les directives de la IVe Internationale avec des objectifs politiques précis : un travail de sape des forces armées d'un pays considéré comme un « valet de l'impérialisme » américain. Plenel, alias Krasny le rouge, est en mission d'infiltration. La plainte qu'il a déposée contre le ministre de la Défense ainsi que les nombreux soutiens qu'il va générer situent l'importance de sa position au sein de l'organisation communiste révolutionnaire, celle d'un cadre de premier plan. Libéré en août 1979, Edwy Plenel, docteur en sciences politiques, est alors âgé de 29 ans. C'est à ce moment, nous dit-il, que, brusquement, sans motif bien établi, il cesse de militer. Trois petites années seulement nous séparent alors des Irlandais de Vincennes.

Le 28 août 1982, quelques jours après le massacre de la rue des Rosiers, à la tête d'un groupe d'intervention du GIGN, j'ai investi, sur ordre de ma hiérarchie, l'appartement de trois terroristes de l'Inla. Les états de service de Plunkett, King et Reid sont aujourd'hui parfaitement établis, connus de tous les services de lutte antiterroriste de France et d'Europe. Averti par plusieurs services secrets de l'imminence d'un attentat à Paris, les informations recueillies viennent renforcer ma conviction qu'un massacre se prépare. C'est Bernard Jégat, un vieux routier de l'action révolutionnaire, qui, en balançant son réseau, me pousse à agir. Jégat appartient au « deuxième cercle » du terrorisme, de ceux qui soutiennent, assistent le noyau dur. Il a parfois mis la main à la pâte. Au printemps 1982, Plunkett lui donne des cours de perfectionnement en matière d'explosifs. Au lendemain de la tuerie des Rosiers, ébranlé, cet homme, qui a consacré l'essentiel de sa vie à l'action révolutionnaire, prend la décision, difficile, de trahir ses camarades. Pourquoi ? Il a la certitude que Plunkett a été associé à ce massacre. Je ne suis pas allé chercher Bernard Jégat. Il a frappé à la porte de Jean Daniel, le directeur du *Nouvel Observateur*. Celui-ci l'oriente sur l'Élysée et la cellule. Je suis chargé de traiter ce vrai faux repenti. Il confirme, détaille et nourrit ses accusations. Oui, ses amis sont dangereux ; oui, il a la conviction que Plunkett est lié à l'attentat de la rue des Rosiers. Plunkett est méfiant, il ne lui dit pas tout, mais il a surpris des conversations, capté des bribes d'informations dans les jours qui précédaient le mitraillage à l'aveugle de passants juifs ou supposés tels. Bernard Jégat est intarissable.

Combien de temps fallait-il attendre avant d'intervenir ? Il fallait surtout ne rien faire, explique l'ancien patron de la DST, Yves Bonnet, dans ses Mémoires. Car l'affaire des Irlandais va faire en quelque sorte « jurisprudence ». C'est ce que j'appelle le syndrome des Irlandais.

Le 15 juillet 1983, moins d'une année plus tard, une explosion ravage l'aérogare d'Orly-Sud. La bombe, placée devant le comptoir des Turkish Airlines, provoque un carnage : 8 morts, 50 blessés dont 11 très grièvement. Le soir même, une réunion rassemble, autour de Gaston Defferre, ministre de l'Intérieur, les responsables de la lutte antiterroriste. Patron de la DST, Yves Bonnet est piteusement contraint de noter que les terroristes de l'Asala (Armée secrète pour la libération de l'Arménie), auteurs de l'attentat, sont sous surveillance, 24 heures sur 24. Écoutes, filatures, le grand jeu dure depuis trois mois. C'est bien suffisant pour éclairer les policiers sur la nature des activités du groupe. Toutefois, ils n'interviennent pas. Pénalement, si les membres du groupe sont arrêtés à ce stade, ils n'écoperont que de quelques mois de prison pour détention d'armes, faux papiers, etc. De ces armes, quel usage comptaient-ils faire ? demandera le procureur. Pour assurer notre « sécurité personnelle », jureront les terroristes en expliquant qu'ils sont traqués par la police secrète du régime turc. Dix associations viendront à la barre témoigner des atrocités du régime, de la répression, de la juste cause du peuple arménien, du génocide. Oui, mais l'explosif ? renchérira l'accusation. Simple transit, répondront-ils, destiné à nos combattants dans les montagnes, sur le front... Comme la DST ne veut pas se ridiculiser, elle attend, guettant le flagrant délit.

Le 14 Juillet est, en France, jour de fête nationale. Il n'est pas célébré par les tueurs de l'Asala. Les traducteurs d'origine arménienne affectés aux écoutes sont en congés. Ce n'est que le 16 qu'ils traduiront la communication qui aurait peut-être permis de réussir ce « flag » tant caressé.

Je reste médusé par l'ahurissante insouciance avec laquelle Yves Bonnet se félicite de ce qu'on ne peut qualifier que de fiasco. J'ajoute que, naturellement, il figure au premier rang de mes accusateurs. C'est donc sur la base de ce succès retentissant que, dix ans plus tard, évoquant mon rôle dans l'affaire des Irlandais, Yves Bonnet s'autorise à commenter mon « magistral loupé » : « Au lieu d'un succès qu'il fallait prendre la peine de valoriser, de bonifier, en n'arrêtant pas Plunkett et sa bande, mais en les manipulant, en les utilisant, c'est une bavure de procédure énorme, incompréhensible. » Les tergiversations de la DST ont coûté 8 cadavres et 50 blessés, mais c'est le capitaine Barril qui commet des « bavures énormes » !

En raison du précédent des Irlandais et parce que les poseurs de bombes ne circulent pas avec des documents d'identité certifiant leur qualité de terroristes, on a laissé courir les tueurs de l'Asala tout en n'ignorant rien de leur dangerosité. Je ne balaye pas d'un revers de main les difficultés que pose une intervention « prématurée » des services spécialisés. Pour ce qui concerne mon rôle dans l'affaire des Irlandais, si c'était à refaire j'agirais exactement de la même façon demain. J'en suis fier, comme je suis fier des hommes qui sont intervenus avec moi.

Le terrorisme et ses acteurs ne présentent pas toujours le masque hideux des tueurs cagoulés de l'ETA, des fanatiques du Hezbollah qui se font sauter avec leur propre bombe, des kamikazes de l'Armée rouge japonaise. Il sait aussi jouer de la mandoline, du biniou ou de la cornemuse. Le 19 avril 2000, une jeune femme, Laurence Turbec, âgée de 27 ans, modeste employée d'un McDonald à Quévert dans les Côtes-d'Armor, n'a pas survécu à l'explosion, à quelques centimètres de son visage, de la bombe déposée quelques heures plus tôt par une improbable Armée de libération bretonne. Quelques jours seulement furent nécessaires aux policiers de la DNAT (direction nationale anti-terroriste) pour mettre sous les verrous les auteurs ou commanditaires et complices — présumés — de cet attentat. De bien inoffensifs jeunes gens. Quelques heures plus tôt, ils apparaissaient comme de simples militants, tout juste un peu exaltés, de l'identité bretonne, de la lutte contre le « mondialisme » et contre l'oppression parisienne. Sans doute n'avaient-ils pas l'intention de tuer leur malheureuse victime. Ils se contentaient de jouer aux terroristes ; des attentats, oui, mais symboliques ; l'hébergement de criminels endurcis de l'ETA certes, mais au nom d'une légitime tradition de l'hospitalité « Bretagne-Pays basque ».

Pour jouer au terroriste et commettre des attentats, il faut des explosifs. Afin de s'en procurer et sur fond d'affinités identitaires ou régionalistes, la mouvance des séparatistes bretons entreprend de nouer des liens, qui avec les camarades basques de l'ETA, qui avec les cousins celtes ou gaéliques de l'IRA ou de l'Inla. En échange de l'explosif tant convoité, de quelques armes qui vont impressionner les copines, ils seront appelés à rendre en retour quelques services. Comme celui, grisant, d'héberger un fugitif. De fil en aiguille, et bien sûr en toute innocence, nos soldats de l'armée bretonne deviennent l'un des rouages du terrorisme international. Plusieurs tonnes d'explosifs seront ainsi abritées pour le compte de l'ETA en Bretagne. Leur destination ? Un marché de Séville, une sortie d'école à Madrid, la mort.

Le 28 septembre 1999 à 6 heures du matin, un commando composé d'une dizaine de personnes investit, et ce n'est qu'un exemple, les locaux de la société Titanite à Plevin en Bretagne. Minutieusement préparée, l'opération permet aux terroristes de s'emparer de 8 tonnes de dynamite, 5 800 détonateurs et 10 km de cordon détonnant. L'opération a été montée conjointement par les Basques de l'ETA et des militants bretons notoirement connus comme membres du groupe Emgann, vitrine « légale » de l'ARB (Armée révolutionnaire bretonne). L'explosif dérobé va rapidement être employé en Espagne, le 21 janvier 2000 à Madrid : un mort, plusieurs blessés ; mais également en Bretagne. C'est en effet la dynamite dérobée à Plevin qui a tué l'employée du McDonald et qui sera utilisée lors de plusieurs autres attentats ou tentatives revendiqués par l'ARB. Voilà pourquoi il n'y a pas de « petits » ou de « grands » terroristes, juste des terroristes. Voilà pourquoi la mission des forces de police et de gendarmerie consiste à les neutraliser avant qu'ils ne commettent l'irréparable. Il faut anticiper.

En janvier 1983, nous avons attiré l'attention de François Mitterrand sur les connexions en passe de s'établir entre les séparatistes bretons et d'autres organisations bien plus redoutables. Christian Prouteau adresse, le 18 janvier, une note au Président intitulée : « Agitation bretonne ». Certains séparatistes bretons, « se référant à l'exemple corse, qui a obtenu une assemblée régionale et des moyens propres grâce aux problèmes de l'insularité », sont désormais « persuadés que ces résultats ont été obtenus à travers l'activité terroriste du FLNC » et qu'il convient donc d'utiliser « les mêmes moyens » pour obtenir « les mêmes avantages », lui est-il indiqué. À cette fin, poursuit la note, « des contacts ont été pris et des accords ont été passés (soutien logistique... actions terroristes décalées) avec :
Les Corses (FLNC-CCN)
Les Basques (ETA)
Les Irlandais (Inla) à travers le réseau (Irlande libre).
Une campagne d'attentats sur la capitale serait planifiée pour le premier semestre 1983 ». Une dizaine d'attentats seront effectivement perpétrés en 1983 et leurs auteurs rapidement mis hors d'état de nuire.
Dès août 1982, alors que les attentats se multiplient à Paris en riposte à l'intervention israélienne au Liban, sous l'autorité de la présidence de la République, du ministre de la Défense et du directeur de la gendarmerie, et sachant que les Irlandais détenaient des armes et des explosifs, qu'ils étaient liés au terrorisme international, qu'un responsable opérationnel (King) arrivait des

Pays-Bas pour le week-end dans l'intention de réaliser une action spectaculaire, j'ai donc investi, à la tête du GIGN, leur planque. Avec succès. Pas un coup de feu, pas même une paire de claques. Tour à tour, les trois membres de l'Inla sont maîtrisés, placés en garde à vue et déférés à la justice.

Le gouvernement, qui entretient pourtant des rapports exécrables avec sa police, décide subitement de lui faire une politesse. Le lendemain (pas le surlendemain), la gendarmerie est déchargée de l'enquête ! Or, pour des raisons qui ne sont en définitive pas si extraordinaires à percevoir, les gendarmes habilités à couvrir juridiquement l'opération ont pénétré dans l'appartement deux minutes après le groupe d'assaut. Les Irlandais et ceux qui les soutiennent s'engouffrent dans cette brèche. Les gendarmes tenteront de dissimuler cette faille dans la procédure avec le concours actif de l'Élysée. Voici résumé le « scandale » des Irlandais de Vincennes.

Cette brèche, il faudra des mois pour l'élargir et trois ans pour que Bernard Jégat, stimulé par la DST, affirme qu'en réalité c'est « le capitaine Barril qui a apporté les armes et l'explosif ». La situation de Bernard Jégat n'est alors pas brillante. Ses amis ont été remis en liberté. L'un a trouvé gîte et couvert au domicile d'un attaché parlementaire du Parti socialiste, l'autre obtient le statut de réfugié politique, le troisième, un emploi au Parlement européen ! Bernard Jégat a-t-il fait le « bon choix » ? Avec son expérience de vieux militant, il connaît le sort réservé à ceux de son espèce. Traqué, sans un sou, Jégat va tenter de se rapprocher de l'Élysée. Sans succès. L'homme est à la dérive. Avec sa compagne, il part se mettre à bonne distance de ses camarades. À l'abri en Israël ! Puis il revient. Il est alors pris en main par la DST dont il devient l'indicateur, enregistré sous le pseudonyme de « Frank ». Nous sommes au début de 1985. Trois années se sont écoulées, le temps qu'il recouvre la mémoire. Entendu sur procès-verbal au cours d'une déposition fleuve, il affirme que les armes découvertes à Vincennes lui ont été confiées par Plunkett, l'un des trois Irlandais, et que, les ayant en dépôt, il les lui avait remises quelques jours avant l'intervention. Pour des raisons connues d'elle seule, la DST détruit les procès-verbaux de Jégat, en rédige d'autres, mais ne les transmet pas à la justice comme l'impose la loi ; elle les enfouit dans un tiroir. Ils vont y rester onze mois avant d'être remis au juge. Même Pierre Joxe, le ministre de l'Intérieur, ignorait paraît-il l'existence de cette audition sensationnelle. En revanche, grâce à Gilles Ménage, nous savons dans quelle ambiance le débriefing de Frank, alias Jégat, s'est effectué. L'ancien directeur de cabinet a en effet publié les notes rédigées à l'occasion de rencontres avec le patron de la DST, Yves Bonnet, autour du cas Jégat au cours de cette année 1985.

11 janvier 1985
« On a pris contact avec Frank. Il apparaît assez perturbé. »
5 février 1985
« La thèse de Bernard Jégat sur la participation des Irlandais à l'affaire de la rue des Rosiers n'est pas vraisemblable. Mais Plunkett est un personnage important. »
26 mai 1985
« Edwy Plenel est en relation avec Antoine Comte[1] et lui donne des informations qui sont ensuite retransmises à

---

1. Avocat des Irlandais *(N.d.A.)*.

Michael Plunkett. Celui-ci veut le statut de réfugié politique, sinon il menace de "descendre Frank". »

7 juin 1985

« La DST doit verser 10 000 francs à Bernard Jégat pour le prix de sa collaboration, et s'active pour lui trouver un travail de documentaliste. »

25 juin 1985

« Dominique Mangin (collaborateur de Pierre-Yves Gilleron et inspecteur de police originaire de la DST) a pris contact avec la DST pour se plaindre de la non-tenue des engagements financiers à l'égard de Bernard Jégat. L'Élysée a dû donner 5 000 francs à Frank pour payer son loyer. »

Quel panier de crabes ! Un terroriste « important » fraîchement libéré de prison qui menace de « descendre » l'indicateur rémunéré de la DST et de l'Élysée s'il n'obtient pas le « statut de réfugié politique » ; le même qui bénéficie d'informations transmises (à son avocat) par un journaliste maître en déontologie. Je crois rêver.

Peu à peu, le « renégat » Jégat va recouvrer son habit de lumière, celui de héros révolutionnaire, de militant sincère. Il est reçu par Régis Debray en avril 1984. C'est intéressant parce que le même Debray l'avait reçu le 1er juin 1981, alors que Jégat était venu lui proposer ses services d'indicateur. Le « compagnon » du Che et conseiller de Mitterrand l'avait mis à la porte, l'accusant d'être un « agent provocateur ». En 1984, c'est différent. Jégat ne vient plus dénoncer ses amis terroristes, mais les gendarmes de la cellule anti-terroriste ! Et notamment le capitaine Barril qui vient de rompre avec l'Élysée, un Barril que le ministre de la Défense, Charles Hernu, est allé jusqu'à menacer de mort s'il s'aventurait à révéler quelques petites choses dont, de-ci de-là, il a pu être le témoin ou simplement prendre connaissance...

À mesure qu'il convient de discréditer la parole de Barril, les actions de Jégat grimpent. Sa parole est bientôt d'évangile. Non seulement il confesse s'être trompé sur ses camarades dans l'affaire de la rue des Rosiers, mais il accuse : Barril a tout manigancé, il a abusé et manipulé tout le monde, Jégat, Prouteau, Hernu, l'Élysée, les juges, la gendarmerie, le pays... C'est sur la base de ce « témoignage » à la DST que je vais perdre l'action en diffamation intentée contre *Le Monde*.

Gilles Ménage, l'ancien directeur de cabinet de François Mitterrand, dont il serait abusif de prétendre qu'il figure au premier rang de mes supporters, ose remarquer qu'Edwy Plenel « s'est toujours abstenu d'évoquer publiquement les activités [terroristes] de Michael Plunkett, alors qu'il les connaissait parfaitement ». Et il n'était pas le seul ! C'est ce qui ressort d'une nouvelle note (n° 104/2) rédigée le 2 juin 1983 par Prouteau à l'intention du président de la République. Dix mois après l'opération de Vincennes, je n'étais pas encore soupçonné d'attenter à la vie du chef de l'État. Un délai suffisant je pense pour qu'en « haut lieu » on ait eu le recul pour apprécier les « manipulations » et le « montage » de Paul Barril. À cette date ce n'est pourtant pas encore d'actualité. Bien au contraire... J'en souligne les passages les plus importants, notamment ceux qui mettent en lumière — à l'époque — le caractère éminemment collectif de cette opération antiterroriste :

« *Étudiant depuis plusieurs années les circuits du terrorisme international, le GIGN est informé par l'Irlande, dont il a formé le groupe militaire anti-terroriste,* que les terroristes d'Irlande du Nord sont bien implantés en France et s'approvisionnent sur des filières logistiques (armes, faux papiers), utilisées par tout le terrorisme. Le commandant du GIGN, le capitaine Barril, se fait préciser ces renseignements et procède à sa propre enquête. Un dénommé Plunkett et sa compagne Mary Reid organiseraient depuis la France, *avec la complicité d'extrémistes de gauche français, des opérations antibritanniques sur toute l'Europe. L'Angleterre confirme les renseignements irlandais et précise qu'elle tient régulièrement informée la France (DST et DCRG) des déplacements de Mary Reid, mais que celle-ci est régulièrement perdue à Paris.* Ainsi, personne ne sait où se trouve Plunkett. Un travail assez long permet de trouver le domicile principal. Les différents informateurs connaissaient plusieurs caches (la plupart étant des domiciles de membres du Comité Irlande libre). Le travail de recherche confirme deux points importants : Plunkett approvisionne l'Inla en armes et monte sur l'Europe, y compris la France, des dossiers d'objectifs en vue d'attentats. C'est un spécialiste de l'armement et de l'explosif, qui prépare pour les exécutants des dossiers photos précis, permettant la réalisation d'attentat et la mise en place des équipements nécessaires aux opérations. *Dès cette époque, il est confirmé de tous services européens que l'Inla et Plunkett entretiennent des liens étroits avec les Palestiniens du FPLP, l'ETA, PM 8, les Brigades révolutionnaires et les Brigades rouges italiennes. Après l'attentat de la rue des Rosiers, certains indices laissent supposer au GIGN que Plunkett était au courant, par ses amis du FPLP, de l'attentat de la rue des Rosiers et avait rencontré et peut-être aidé, avant l'opération, les auteurs du massacre.*

Dès la mi-août, des renseignements nous sont fournis : l'Inla va frapper, en Europe et à Paris, des objectifs britanniques. Le domicile de Plunkett est surveillé de près et, le 28 août, le capitaine Barril, commandant le GIGN, m'avertit que tôt dans la matinée Plunkett a reçu la visite de quatre hommes, portant des valises très lourdes. Il me demande s'il peut avertir le chef d'escadron Beau, commandant la section de recherches de Paris Minimes, informé depuis plusieurs jours des découvertes du GIGN. Le GIGN ne peut agir au plan judiciaire. Il ne peut que servir d'instrument pour effectuer des arrestations difficiles. Dans le cadre du flagrant délit, il est décidé, vu l'urgence, en accord avec M. le ministre de la Défense, que si l'opération est réalisable, d'interpeller Plunkett et ses acolytes. L'arrestation a, à cet instant, deux buts :

1) Éviter d'éventuelles actions que *tous les indices semblent confirmer ;*

2) Frapper au milieu de circuits jusqu'alors non décelés et *remonter la filière.*

LES FAITS : Le 28 août à 18 heures, Plunkett sort de chez lui. Le GIGN et la section de recherches (personnel d'enquête) se mettent en place dans le couloir et dans la cage d'escalier pour prendre Plunkett par surprise à son retour. La filature étant délicate (il prenait trop de précautions), il n'a pu être suivi. Vraisemblablement, il devait rejoindre les trois personnes arrivées le matin. À cet instant, le capitaine Barril et le chef d'escadron Beau pensaient que l'appartement était vide. L'équipe du GIGN se met en position près de la porte de l'appartement, car un observateur a vu quelqu'un par la fenêtre de la chambre. Il s'agit de King arrivé de Hollande le matin, qui est arrêté au moment où il sort. Il n'a pas d'arme sur lui. Le major Windels, commandant en second la section de recherches et habilité OPJ[1], entre dans l'appartement. Une inspection rapide est effectuée pour être sûr qu'il n'y a plus personne. Deux hommes du GIGN le maintiennent immobile. Quelque temps après, Plunkett est arrêté dans le couloir (il revenait d'où ?). La police est prévenue par le voisin. Ils se rendent sur les lieux et sont informés par le capitaine Barril de l'opération. Dès leur retour au commissariat, ils préviennent les journalistes qui, par leur arrivée intempestive (environ 50 journalistes seront sur place très rapidement), font échouer la deuxième partie de l'opération, destinée à interpeller les trois autres terroristes vus pendant la reconnaissance. Il est indéniable que leur arrestation aurait modifié notablement la suite de l'affaire. En tant que chef de maison, il est décidé que c'est Plunkett qui assistera à la perquisition. King, lui, est alors conduit à la brigade de Vincennes pour interroga-

---

1. Officier de police judiciaire (*N.d.A.*).

toire. La perquisition est effectuée par la section de recherches. Quelques hommes du GIGN se trouvent là, mais ne participeront à aucun moment à la perquisition incidente. Il est retrouvé trois armes : un GP 35 9 mm et deux CZ 7.65, un pain d'explosif qui sera désamorcé, de nombreux faux documents administratifs, des documents divers ayant un rapport avec les activités des terroristes, et *une collection d'extraits de tous les journaux ne concernant que des actions terroristes et surtout l'attentat de la rue des Rosiers et les portraits robots effectués à l'issue de l'enquête.*

Au cours des auditions, les prévenus se refuseront à toute déclaration. *Seule, Mary Reid sera plus prolixe et confirmera leurs activités. Par contre, dès que l'enquête sera donnée à la brigade criminelle, elle ne parlera plus.*

LA POLÉMIQUE : Il est bon de rappeler que *c'est à la demande pressante de M. Franceschi, en butte aux syndicats de police, que la gendarmerie acceptera d'être dessaisie.* Ce dessaisissement est une erreur énorme, car, comme je vous l'avais signalé alors, l'enquête ne progressera pas *et les syndicats de police donneront aux journalistes des informations toutes aussi fausses les unes que les autres, dans le but de discréditer, aux yeux de l'opinion, la gendarmerie. L'enquête est ainsi systématiquement sabotée.* De ce fait, le juge, lorsqu'il prendra le dossier, n'aura de l'affaire qu'une version édulcorée. Il sera alors simple de lui laisser croire que le but de l'opération était de réaliser un coup publicitaire. Le commissaire Genthial jouera dans cette affaire un rôle trouble, en particulier auprès du procureur général Arpaillange. *Choqués par les développements de l'affaire alors qu'ils en connaissaient le fond, de nombreux policiers, en particulier aux Renseignements généraux, affirmeront en privé que l'enquête a été scandaleusement sabotée par la brigade criminelle.* Mais déjà la presse, que cette guerre des polices ravit, entre dans la danse en distillant des informations sur l'enquête toutes aussi fantaisistes les unes que les autres. Le mécanisme est assez simple. *Certains journalistes, se connaissant pour la plupart grâce à leur passé politique extrémiste (Ligue communiste révolutionnaire), très liés aux animateurs du Comité Irlande libre, déclencheront régulièrement, en accord avec Antoine Comte, avocat de Plunkett, des campagnes pour raviver l'attention sur le problème des Irlandais en affirmant à chaque fois que des éléments nouveaux devaient conduire à la libération des Irlandais.* Les attaques se feront progressivement, en portant à chaque fois des réserves sur la procédure, puis surtout des accusations graves sur le GIGN et le capitaine Barril. Ces journalistes sont Georges Marion du *Canard enchaîné*, Véronique Brocard de *Libération*, Edwy Plenel du *Monde*, Éric Young du *Quotidien de Paris*. Ils sont amis et possédaient leurs entrées au cabinet de M. Franceschi. *Monot, la femme de Jullien (lui-même soupçonné depuis deux ans de trafic d'armes avec Plunkett, renseignements de la DCRG), travaille au* Monde *et est la présidente du Comité Irlande libre. Le couple est intime de Plenel, Young et Comte. Ils sont également intimes de l'animateur du groupe Bakounine, Gdansk-Jauréguy, sur lequel pèsent actuellement les plus graves soupçons.* Antoine Comte joue, au milieu de ce marécage, un rôle très louche en sa qualité de défenseur des membres d'Action directe et surtout de l'amitié qui le lie à Éric Moreau, Frédéric Oriach et Cerreda-Ramos. *Il faut noter que, jusqu'aux « révélations » tardives de Caudan, les Renseignements généraux sont sûrs que Comte ne croyait pas au succès des attaques portées à la procédure et espérait plutôt obtenir un résultat par un soutien de personnalités sympathisantes du Comité Irlande libre. Il jouait la carte du procès avec un verdict de cinq ans, pouvant conduire à trois ans pour bonne conduite.*

Entre-temps, l'affaire passe en chambre d'accusation. La décision est sans équivoque. Il faut relever que, pendant ces neuf mois, le juge n'entendra qu'une fois les gendarmes ayant participé à l'opération et qu'aucune de ses questions n'aura trait au bien-fondé de l'arrestation. Il recevra même à deux reprises, hors procédure, le capitaine Barril, pour se faire expliquer certains mécanismes du terrorisme. L'ayant appelé moi-même, il me confirmera la gravité de l'affaire et m'assurera de la solidité du dossier. Pourtant, c'est lui qui fera appel de la décision et transmettra le dossier devant la chambre d'accusation. Il est certain que Comte et Plunkett ne *souhaitaient pas aller en appel.*

Au parquet de Paris, il circule beaucoup d'interrogations sur la manière dont le juge a instruit son dossier. Or, si l'on s'appuie seulement sur les faits, *aucune recherche n'a été entamée à partir des éléments objectifs de l'enquête et ce qui apportait des certitudes n'a jamais été mentionné. De plus, il était possible de recouper cette affaire avec deux autres très importantes : l'affaire Bréguet-Kopp et le hold-up de Condé-sur-l'Escaut.* »

Bien sûr, Prouteau, qui va bientôt être personnellement mis en cause pour les irrégularités de procédure mises au jour, prêche auprès du Président pour sa chapelle. Sa présentation des faits peut sans doute être considérée comme partiale et ses préventions, en particulier à l'endroit de la presse, pas forcément dénuées d'arrière-pensées. Mais des arrière-pensées, pourquoi le patron de la cellule serait-il *a priori* le seul à en nourrir ?

Chapitre 4

Indic et intox

Cette affaire des Irlandais, nul ne saurait contester qu'Edwy Plenel en est un des plus fins connaisseurs. Le procès-verbal des déclarations de Jégat à la DST, il le connaît par cœur. En quelque vingt années d'investigations intensives, il n'a pourtant jamais trouvé l'espace nécessaire dans son journal ou ses livres, le temps à la radio ou à la télévision ne serait-ce que pour mentionner la déclaration faite par Jégat, le 17 janvier 1985 à 9 heures du matin, devant les policiers de la DST. J'en livre donc les extraits les plus significatifs :

« Entre avril et juillet 1979, Plunkett m'a intégré petit à petit dans ses activités clandestines, me demandant notamment si je pouvais héberger d'autres personnes que lui-même, prendre en dépôt à mon domicile des armes ou éventuellement des explosifs, assurer des transports de matériel dans Paris. Pendant cette période, cela s'est concrétisé par la remise par Michael Plunkett d'un premier lot de matériel à mon domicile, qui comprenait : cinq ou six PA de marque Herstal 9 mm (GP 35) ; quatre pistolets-mitrailleurs Uzi ; aucune munition avec ses armes. Toutes ces armes m'ont paru relativement usagées et d'un modèle ancien pour l'Uzi. Ces armes, comme toutes celles que je devais ultérieurement avoir à mon domicile, avaient vu leurs numéros supprimés par le fraisage.

À mon avis, de ce fait leur identification était rendue totalement impossible. »

Jégat raconte ensuite comment, en compagnie de Plunkett, il a déménagé ces armes :

« Nous sommes descendus dans le parking souterrain de ma résidence où nous attendait une limousine de marque Rover avec conduite à droite, de couleur bleu marine. À son bord se trouvait un troisième homme avec lequel je n'ai eu aucun contact par la suite. Cet homme a démonté le réservoir du véhicule, découvrant une cache spécialement aménagée où nous avons déposé les Uzi démontés. Je ne me souviens pas de l'immatriculation du véhicule. »

Je sais que ma parole ne pèse pas lourd en matière de lutte antiterroriste, pourtant il me semble que même un modeste gardien de la paix surgissant à ce moment et découvrant la scène de ces hommes transportant des pistolets-mitrailleurs dans une « cache spécialement aménagée » ne se serait sans doute pas dit : « Tiens, voilà des militants politiques qui préparent un dîner-débat. » Soit il aurait fui, soit il aurait sorti son arme pour arrêter les malfaiteurs ignorant qu'il s'agissait en réalité de terroristes. À quoi servent des pistolets-mitrailleurs ? Des explosifs ? Mais j'ai interrompu le cours de la déposition de Jégat et je n'aurais pas dû. Voici ce qu'il déclare dans la foulée :

« Quelques jours plus tard, Plunkett est revenu seul reprendre les GP 35. Il m'a fait cadeau de l'un d'entre eux et m'a précisé que les autres exemplaires étaient destinés à être offerts à *quelques cadres de la LCR, dont Alain Krivine, pour leur protection personnelle.* Ultérieurement, je devais apprendre que la LCR avait à son tour proposé à Michael Plunkett les services d'une manufacture de fabrication artisanale de pistolets-mitrailleurs très rudimentaires et économiques, s'il fallait en croire Michael à qui on avait soumis un exemplaire ou des plans de l'arme. Je n'ai jamais su où était implantée cette manufacture. »

Diable ! Tel est le passage qui paraît avoir échappé à la perspicacité d'Edwy Plenel au point que ses centaines de milliers de lecteurs ignorent, depuis vingt ans, cet aspect de l'affaire des Irlandais de Vincennes alors qu'ils n'ignorent rien de l'« attentat » que je préparais contre François Mitterrand. C'est une omission aussi troublante que grave. Troublante parce que je me dis que le nom d'Alain Krivine, son chef, un homme qu'il a côtoyé pendant dix ans et qu'il continue de fréquenter, aurait dû logiquement retenir son attention. Si c'est le cas, Krasny a donc pris le parti — c'est le mot — de taire obstinément cet épisode. C'est grave parce que, dans cette hypothèse, on ne saurait exclure qu'il ait quelque chose à cacher. Quelle nécessité par exemple y avait-il eu pour des cadres de la LCR de se fournir en armes au printemps 1979 auprès d'un des principaux membres d'une organisation terroriste ? Les accusations de Jégat sont à prendre avec précaution, ce que je suis prêt à admettre, mais alors pourquoi ne suis-je pas bénéficiaire de cette prudence ?

Je ne crois pas que ces questions soient illégitimes. Depuis 1969, Alain Krivine se présente à l'élection présidentielle, il représente la France au Parlement européen, son parti est financé avec l'argent du contribuable. Peut-être à la Ligue est-on tout simplement collectionneur. On aime bien manipuler un beau « calibre », le bichonner. C'est une chose que je peux parfaitement comprendre. Il est mieux, dans ce cas-là, de posséder une autorisation de détention d'armes. En revanche, à ma connaissance, aucune autorisation n'est délivrée pour des « manufactures clandestines de pistolets-mitrailleurs » telles que les évoque « saint Jégat ».

S'agit-il, là encore, de « protection personnelle » ? Jégat est-il un menteur en affirmant que la direction de la LCR a proposé à l'organisation sœur trotskiste de l'Inla, à Plunkett, de leur livrer des exemplaires de ces pistolets-mitrailleurs ? S'agit-il de questions trop embarrassantes pour qu'elles n'aient pas été posées une seule fois publiquement en vingt ans ?

Une remarque : j'ai perdu le procès que j'avais engagé contre Edwy Plenel en première instance devant la XVIIᵉ chambre correctionnelle de Paris où sont affectés les plus fins juristes du pays. Dans ces motivations pour me débouter de ma plainte, le tribunal constatait : « Si sa version des faits [celle de Jégat] forme un tout, elle ne saurait en toute logique et en toute loyauté être divisée : si Jégat a dit la vérité quant à son rôle dans l'affaire, s'exposant ainsi à une condamnation, il a dit vrai également sur le reste. » Qu'on m'explique pourquoi, si Jégat dit la vérité, seul Barril fait l'objet de poursuites judiciaires ? Pourquoi le parquet, apprenant que la Ligue communiste entretiendrait un dépôt clandestin d'armes, que ses dirigeants se fournissent auprès de terroristes, n'ouvre-t-il pas une information judiciaire ? Manifesterait-il la même pudeur s'il apprenait que la direction du RPR, du RPF ou du Front national s'équipe en armes de poing auprès du Gal, des escadrons de la mort ou des Loups gris ?

Partisans de la « violence révolutionnaire », Alain Krivine et ses amis condamnent-ils le terrorisme ? À question simple, réponse très nuancée. Dans *Les Années de poudre*, de Hamon et Rotman, le patron de la Ligue indiquait en 1987 : « Je suis pour l'action armée dans les pays de dictature, et contre en Europe. Je ne suis pas opposé aux attentats ciblés au Chili, mais je suis contre le terrorisme qui terrorise ceux qui doivent être nos alliés. » Comprenne qui veut.

Vu de Paris, le combat des nationalistes irlandais se réduit à quelques images d'Épinal, le plus souvent émouvantes. Celle d'un petit rouquin d'une dizaine d'années qui défie un immense para commando britannique ; celle de la misère qui sévit dans les ghettos catholiques d'Irlande du Nord. Tout cela existe. Ce qui est moins connu des Français, c'est que cette guerre civile, les bombes, les massacres de l'IRA, de l'Inla, les exécutions ont fait plus de 3 169 morts, 12 000 blessés entre 1960 et 2001. Les « nationalistes » irlandais disposent d'une expérience incomparable en matière de guerre révolutionnaire. C'est leur point fort. Tous les apprentis terroristes en Europe viennent se former auprès d'eux. En 1971, l'IRA était devenue un centre de la révolution armée mondiale que seule la résistance palestinienne dépassait en importance. Pour ce qui concerne l'Inla, le mouvement de Michael Plunkett, Claire Sterling qualifie cette antenne militaire du parti républicain socialiste irlandais (fruit d'une scission de l'IRA en 1974), dans son ouvrage *Le Réseau de la terreur,* « de groupe terroriste d'une incroyable férocité (...). Leurs objectifs étaient d'une rigueur révolutionnaire implacable (...). Le mouvement super-terroriste, l'Inla, fit une entrée fracassante à Londres, aux côtés des Provos, grâce à une bombe ultra-sophistiquée déposée dans la voiture du distingué député conservateur Airey Neave au sous-sol de la Chambre des communes et qui explosa quand il ouvrit la portière, le tuant sur le coup ».

Je me suis toujours demandé pourquoi la gendarmerie avait brutalement été dessaisie au lendemain de l'arrestation des Irlandais à Vincennes, ce en dehors de toute logique « policière » et même « politique ». Je n'ai jamais avalé l'argument selon lequel il se serait agi de faire plaisir « aux syndicats de police », autrement dit à la FASP (Fédération autonome des syndicats de police), dirigée alors par Bernard Deleplace. Un grand copain de Plenel.

Je n'ai jamais compris pourquoi la déposition « accablante » de Jégat me concernant est restée dissimulée dans un tiroir de la DST, alors que ce service avait obligation légale de la transmettre à la justice. L'histoire de ce procès-verbal est mystérieuse. Tant Gilles Ménage, le tout-puissant responsable des affaires de police à l'Élysée, que Pierre Joxe, le ministre de l'Intérieur, jurent qu'ils en ignoraient l'existence. Quel puissant moteur a poussé à son enfouissement ? Je n'ai, pour ma part, trouvé qu'une explication. Dans la déposition de Jégat, il y avait du « pour » et du « contre ». Le pour, c'est bien sûr la partie de ses déclarations tardives et sollicitées contre moi. Le contre, c'est la mèche allumée sur les compromissions terroristes de certains dirigeants politiques issus de mouvements extrémistes désormais au cœur du pouvoir. Bernard Jégat n'est pas un imbécile. L'indic avait déjà été sacrifié une fois. Il exige, contre la volonté initiale de la DST, d'être entendu sur procès-verbal. En balançant les relations entre la LCR et Plunkett, il sait ce qu'il fait. C'est son assurance-vie. Qu'on le liquide et le procès-verbal resurgira un jour ou l'autre. Si on le laisse tranquille, si on le caresse, le couvre d'éloges alors oui, il chantera. En attendant, et pour plus de sûreté, après avoir déposé, il prend la précaution de filer en Israël.

Pendant ce temps, son procès-verbal est mis au frais. Le temps de « verrouiller » la situation. Il y a péril en la demeure. Le 25 janvier 1985, le général Audran est assassiné par Action directe, dont les dirigeants ont été graciés par Mitterrand en 1981. Juste un peu de patience. Certaines choses doivent impérativement rester secrètes. C'est le b a ba du métier.

Il se passe bien des choses en ce premier trimestre 1985. *Le Monde* a mené une campagne de trois ans contre la cellule de l'Élysée à propos des Irlandais et vient, au terme d'une offensive d'été fulgurante à propos de l'affaire Greenpeace (15 août-20 septembre), de s'offrir la peau de Charles Hernu pour sauver celle de Laurent Fabius. Aussitôt, Edwy Plenel normalise ses relations avec les organes de sécurité, notamment avec le plus impitoyable des services de la lutte anticommuniste : la direction de la surveillance du territoire.

Le rapprochement de dates s'impose : Bernard Jégat dépose en janvier 1985 devant la DST, fin mars Edwy Plenel révèle le secret le plus protégé du monde occidental : le dossier *Farewell.* À la fureur de l'Élysée, cette divulgation intervient à la veille d'une rencontre franco-soviétique majeure. Vite bouclées, les investigations du journaliste ont débuté au début du mois, après que les services de Pierre Joxe eurent recommandé au patron de la DST de faire bon accueil au journaliste. Simultanément, Yves Bonnet reçoit l'ordre de l'Élysée de ne surtout transmettre aucune information à Plenel sur le dossier *Farewell.* Bonnet fait le contraire. Le patron de la DST invoque une « opération de promotion ». Ses détracteurs, en particulier Gilles Ménage, dénoncent une manipulation de la CIA destinée à saboter les relations franco-soviétiques et dont Edwy Plenel aurait été le vecteur.

Pour conclure — provisoirement — sur la valeur du témoignage de Bernard Jégat et les circonstances exceptionnelles au cours desquelles il a été recueilli, je vais produire une pièce qui risque de me valoir les foudres du parquet et des poursuites pour violation du secret de l'instruction. Raymond Nart, que je n'ai jamais rencontré, est un personnage de légende au sein de la communauté internationale du renseignement. Second de la direction de la surveillance du territoire, il a vu se succéder les patrons de la DST au gré des humeurs ou des alternances politiques. Affecté à la DST en 1965 comme simple commissaire, il en a gravi tous les échelons jusqu'au poste de directeur adjoint, position qui fait de lui le véritable patron du contre-espionnage français. Seule la retraite a, en 1997, mis un terme à la carrière de cette mémoire d'éléphant. À ce titre, Raymond Nart a été entendu comme témoin par le juge Jean-Paul Valat, magistrat qui possède au moins un point commun avec l'homme de la DST : une vive curiosité.

Ce 18 décembre 1997, le magistrat s'intéresse à la grande confusion juridique qui a entouré les auditions de Jégat et à la disparition des procès-verbaux. Un match très policé, mais réel, se livre entre ces deux grands professionnels de l'interrogatoire.

Le juge : — Votre service a entendu Bernard Jégat par procès-verbal du 17 au 25 janvier 1985. Les procès-verbaux n'ont été transmis à la justice qu'en octobre 1985. Pourquoi ce délai ?

Réponse : — Avant la rédaction des procès-verbaux, il y a certainement eu des discussions, mais je tiens à préciser que mes souvenirs ne sont pas forcément très précis dans la mesure où, à l'époque, je n'étais pas directement en charge des affaires de terrorisme. J'étais sous-directeur du contre-espionnage et je n'avais connaissance des autres problèmes qu'indirectement, comme membre de l'état-major de la DST.

D'après ce que je sais, lorsque Bernard Jégat s'est présenté à la DST, sa personnalité a paru curieuse. D'autre part, il semblait déplorer de ne pas être assez écouté par la cellule de l'Élysée. Comme nous le faisons dans ces cas-là, nous avons décidé de prendre les déclarations de Bernard Jégat sur procès-verbal car les personnes que nous recevons s'engagent. Pour la DST, ce qui était essentiel dans les déclarations de Jégat était ce qu'il pouvait donner comme renseignement sur le terrorisme. La mise en cause de Paul Barril dans l'arrestation des Irlandais de Vincennes était un problème tout à fait secondaire. Nous n'avons pas estimé utile de transmettre le procès-verbal à la justice. Nous nous sommes demandé si nous n'avions pas affaire à un affabulateur et nous avons décidé d'utiliser Bernard Jégat comme une source en matière de terrorisme mais, au préalable, nous avons voulu tester sa sincérité.

Le juge: —Je comprends donc pourquoi vous n'avez pas transmis le procès-verbal immédiatement après sa rédaction. Mais alors, pourquoi a-t-il été transmis à la justice en octobre 1985 ?

Réponse: —Si mes souvenirs sont bons, après le départ d'Yves Bonnet, le ministère de l'Intérieur et probablement Pierre Verbrugghe, directeur général de la police nationale, nous ont demandé de détruire le procès-verbal. Je ne sais pas dans quelles conditions exactes cette demande nous a été faite mais je suis affirmatif sur le fait qu'on nous a demandé de détruire le procès-verbal. J'ai le sentiment que c'est Gilles Ménage qui avait chargé Pierre Verbrugghe de nous faire cette demande. Nous n'avons pas obéi à l'ordre qui nous avait été donné et nous n'avons pas détruit le procès-verbal. Je sais qu'Yves Bonnet s'est renseigné pour savoir ce qu'était devenu le procès-verbal et il lui a été répondu que le procès-verbal avait été détruit, ce qui n'était pas vrai. Je ne sais pas auprès de qui Yves Bonnet s'est renseigné mais j'ai su qu'il s'était renseigné et j'ai su qu'il lui avait été donné une fausse réponse. Quelque temps après, on nous a demandé de ressortir le procès-verbal. Je crois que c'est notre directeur, Rémy Pautrat, qui nous en a fait la demande mais je ne peux pas être totalement affirmatif. Ce dont je suis sûr, par contre, c'est que c'est moi qui ai apporté le procès-verbal à Robert Broussard qui était au cabinet de Pierre Verbrugghe. Broussard s'est étonné que nous n'ayons pas transmis le procès-verbal à la justice, je lui ai donné les mêmes explications que celles que je viens de vous donner. Broussard m'a demandé de rédiger un rapport ou un bordereau de transmission. Je pense que dans le document j'ai expliqué que nous avons fait des vérifications sur la personnalité de Bernard Jégat car le personnage était ambigu et nous craignions une provocation et que c'est pour cela que nous n'avions pas transmis le procès-verbal plus tôt.

J'ignore totalement ce qu'il est advenu des procès-verbaux par la suite.

Le juge : — Jusqu'à quand la DST a traité Jégat ?

Réponse : — Officiellement, nous avons arrêté les contacts avec Jégat au moment de la transmission du procès-verbal à la justice, mais Jean Lucat a conservé des contacts par bonté d'âme et par souci d'humanité avec Jégat. Lucat me rendait compte de ses contacts et des rares informations que Jégat lui donnait. Ça a duré jusqu'au départ de Jégat de la DST, me semble-t-il avant les élections de mars 1986. Par la suite, Lucat a été affecté en Guadeloupe où il a notamment travaillé avec Yves Bonnet. Après, quand il est revenu en métropole, il a repris les contacts avec Jégat mais à titre personnel, mais il m'en parlait quand je le voyais.

Le juge : — Est-ce qu'un membre de la DST a pris le relais de Lucat pour traiter Jégat ?

Réponse : — Je n'en ai pas le souvenir. S'il y a eu des contacts, c'est qu'ils n'étaient pas professionnels et c'est pour ça que je n'en ai pas entendu parler.

Le juge : — La cellule a-t-elle traité Jégat avant la DST, en même temps que la DST ou après la DST ?

Réponse : — Avant que la DST ne le traite, Jégat avait été en contact avec la cellule. C'est d'ailleurs parce qu'il estimait ne pas être assez écouté par la cellule qu'il est venu nous voir. Il recherchait une reconnaissance que la cellule ne lui donnait plus.

Je n'ai pas eu connaissance que la cellule traitait Jégat en même temps que nous ou après. Vous me dites que Gilleron a eu des contacts avec Jégat pendant que nous le traitions. Je le découvre par vous. Cela démontre que Jégat n'était pas une question importante pour mon service. À l'époque, l'actualité terroriste faisait que la DST avait d'autres soucis que Bernard Jégat et une affaire ratée.

Le juge: — La DST a-t-elle procédé à des écoutes sur Jégat quand vous le traitiez ou à un autre moment ?

Réponse: — La DST n'a écouté Jégat à aucun moment. Vous me dites que, dans des conversations que vous avez, apparaissent Jean Lucat et Alain Pouesselle. C'est bien la preuve qu'il ne s'agit pas d'écoutes de la DST : ses membres n'aiment pas apparaître sur des écoutes et ils se gardent d'appeler les gens quand ils savent qu'ils sont écoutés.

Le juge: — Si je vous ai demandé de témoigner, c'est parce que Yves Bonnet m'avait déclaré qu'au moment où avait été établi le procès-verbal Jégat, il avait apporté ce procès-verbal à Gilles Ménage et que Gilles Ménage lui avait dit de ne pas s'en occuper. Yves Bonnet avait accepté de ne rien faire de ce procès-verbal. Gilles Ménage a contesté les déclarations d'Yves Bonnet, lequel a déclaré ensuite, en confrontation, que vous vous souveniez qu'à son retour de l'Élysée, il vous avait dit que Gilles Ménage lui avait demandé de ne rien faire de ce procès-verbal et que vous pourriez en témoigner.

Réponse: — C'est à la fois exact et inexact. Yves Bonnet ne m'a pas reparlé entre le 4 juin et le 17 septembre 1997 de ce que Ménage aurait pu lui dire. Je n'ai donc pas dit que j'étais prêt à le confirmer. Je ne pense pas avoir eu un quelconque contact avec Bonnet entre ces deux dates. Par contre, le fait qui se serait déroulé en 1985, à savoir que Bonnet serait revenu de l'Élysée en me disant qu'à la demande de Ménage, il fallait garder le procès-verbal sous le coude est fort probable. Je n'en ai pas de souvenir très précis. Mais c'est très vraisemblable. Ça n'a pas dû poser de problème car ça coïncidait avec notre souhait d'utiliser Jégat comme source.

Le juge: — Christophe Nick a écrit en 1991, dans *Actuel*, un article dans lequel il explique, en page 119, que le procès-verbal de Jégat embarrassait, qu'au soir du dernier jour de sa déposition, le général Audran a été assassiné, que Jégat a alors proposé de travailler pour vous, qu'il a accepté que les procès-verbaux ne soient pas transmis immédiatement et qu'il a ouvert une voie sur Rouillan et Ménigon ?

Réponse : — Ce sont des affabulations de journalistes. La seule chose qui soit vraie, c'est que le procès-verbal de Jégat les embarrassait mais pas par rapport à ce qu'il disait sur Barril. Il nous embarrassait quant à la crédibilité de Jégat sur le terrorisme. C'est ce qui s'est passé par la suite, quand on nous a demandé de détruire le procès-verbal puis de le ressortir, qui a été embarrassant mais ce n'est manifestement pas ce à quoi le journaliste fait allusion.

Le juge : — Pour l'affaire *Farewell*, est-ce Yves Bonnet qui a pris l'initiative tout seul de faire des révélations à la presse ?

Réponse : — Je n'utiliserai pas les termes de révélation. Je dirais qu'Yves Bonnet a pris la décision de faire une opération contre les Soviétiques en rendant public un certain nombre de choses. Cela s'inscrivait, dans son esprit, dans la suite logique de l'expulsion des diplomates. C'est bien Yves Bonnet qui a pris cette décision. Je sais, pour en avoir été témoin, qu'Yves Bonnet a dit à Gilles Ménage qu'il allait faire cette opération, même si Bonnet n'en a pas donné tous les détails. Ménage a interdit à Bonnet de faire cela en lui disant que, s'il passait outre, il le raserait. Bonnet est passé outre l'interdiction de Ménage. Ce qui a posé le problème le plus grave c'est le télescopage avec la grande commission franco-soviétique. Pour en revenir à la question de départ, c'est bien Yves Bonnet qui a pris tout seul cette initiative. Ce n'est ni TF1 ni Edwy Plenel qui sont allés solliciter Yves Bonnet pour l'affaire *Farewell*, c'est lui qui les a sollicités.

En conclusion, je voudrais dire que les rapports que la DST a eus à cette époque avec Gilles Ménage ont été difficiles. Il m'a, à tort, imputé dans certaines affaires un rôle que je n'avais pas eu. Je pense notamment à l'affaire Érulin sur lequel Ménage et la cellule fantasmaient, lui imputant un projet d'assassinat sur le président de la République. J'ai pu constater que Gilles Ménage avait une prévention à mon égard, qu'il a répandu sur moi des calomnies qui m'ont porté tort dans ma carrière et qui m'ont été rapportées par des personnes auprès desquelles elles avaient été faites. En résumé, je n'ai pas la même éthique du service de l'État que lui.

J'ai hélas une certaine expérience de la lecture des procès-verbaux. Je n'en connais pas qui décrivent à ce point les mœurs en vigueur dans un État réputé de droit, mais digne en vérité d'une république bananière : ordre de destruction d'une pièce à conviction émanant des plus hautes autorités de l'État, refus d'appliquer cet ordre par certains policiers qui affirment néanmoins l'avoir appliqué mais qui, des mois plus tard, l'exhument d'un tiroir. Tout cela paraît incroyable. Cette déposition, récoltée dans les conditions décrites, constitue, je le rappelle, la preuve « parfaite et absolue » retenue contre moi pour m'accuser du « montage » des Irlandais de Vincennes.

Revenons sur le point essentiel, la question simple et qu'obstinément pose le juge : pourquoi ne pas avoir transmis cette déposition à la justice ? Raymond Nart répond : nous redoutions que Jégat soit un affabulateur, mais ajoute que, pour la DST, la mise en cause de Barril était « tout à fait secondaire ». Cette réponse n'en est pas une. La transmission d'un procès-verbal à la justice est une obligation légale qui s'impose à tous les officiers de police judiciaire. Ces derniers n'ont *jamais* eu pour attribution d'évaluer la vraisemblance des affirmations d'un témoin. Il est vrai qu'à défaut d'être une pratique légale, il arrive parfois que les services de police ou de gendarmerie « retiennent » une procédure. Ce comportement, neuf fois sur dix, est motivé par une tentative de recrutement.

Ainsi, tel dirigeant d'une organisation communiste révolutionnaire se fait bêtement pincer sur le boulevard

Saint-Michel en flagrant délit de vol. Trois fois rien, un modeste livre. L'intéressé, tête pensante de la révolution prolétarienne mais grand dadais boutonneux, est bien embarrassé. Il nie le larcin. Sur le plan pénal, au regard de ses autres activités, c'est vraiment une broutille. Les gardiens de la paix ricanent en se passant *L'Homme sensuel,* titre de l'ouvrage fiévreusement convoité et objet du délit. Que vont penser les camarades du dirigeant révolutionnaire lorsqu'il devra s'expliquer sur son arrestation ? Le ridicule ne tue pas mais il embarrasse. Pendant ce temps, au vu de la « qualité » de l'interpellé, un inspecteur a transmis. À qui de droit... Le policier applique là, à la lettre, la suite à donner lors de l'interpellation d'un responsable fiché MR (mouvements révolutionnaires) : « Ne pas interroger ; prendre mesures conservatoires. Aviser d'urgence état-major police judiciaire de la préfecture de police. » L'infime larcin, d'une valeur de 30 francs, atteint promptement les plus hautes strates du ministère de l'Intérieur. Membre du bureau politique de la Ligue communiste révolutionnaire, le gibier est d'importance. Les télex crépitent...

Au terme d'une rapide concertation, première décision : remise en liberté immédiate. Deuxième réunion et à nouveau l'unanimité : pas de poursuites judiciaires et mise « au frigo » du dossier. Il fait beau, c'est le mois de juin et bientôt les longues vacances universitaires. Le chapardeur, trop heureux de s'en tirer à si bon compte, ne peut manquer de s'interroger sur les conséquences du classement « sans suite » de son affaire. Pourquoi le régime fantoche à la solde de l'impérialisme américain n'a-t-il pas bondi sur l'occasion ? Peut-être se dit-il que la bureaucratie n'a pas effectué le rapprochement entre le voleur à l'étalage et l'éminent révolutionnaire capable de jeter dans les rues de la capitale plusieurs dizaines de milliers de manifestants ? Militant chevronné, il connaît néanmoins la règle : quel qu'en soit le motif, tout contact avec des éléments des forces de sécurité doit impérativement être signalé. À plus forte raison une arrestation.

Le pari fait dans le camp adverse, chez les fonctionnaires, tout aussi chevronnés, chargés d'infiltrer les mouvements révolutionnaires, c'est qu'à la tentation de *L'Homme sensuel* succédera celle de passer sous silence cet incident « dérisoire ». Le piège pourra alors se refermer. Si la cible commet l'erreur d'omettre de signaler sa brève arrestation, ce que les services spécialisés ne manqueront pas d'apprendre grâce à leurs indicateurs, elle se placera dans une situation délicate voire impossible. Ayant enfreint une règle majeure de son parti, elle s'exposera dès lors à toutes sortes de pressions et à de nouvelles tentations : quelques petites concessions voire un recrutement pur et simple.

Dans ce cas précis, je ne connais pas les suites qui furent données à cette tentative de manipulation. La seule chose que je puisse affirmer, c'est que sa carrière n'en a nullement été affectée et qu'il conduit une brillante carrière parlementaire. En revanche, ce type de manipulation se termine parfois tragiquement. Je pense à ce militant trotskiste impliqué dans des faits de nature criminelle finalement acculé au suicide. Les procès-verbaux de son dossier n'avaient pas, non plus, été transmis à la justice. Soumis à un chantage permanent, il ne trouva d'autre échappatoire que la mort.

Ces deux anecdotes permettent de jeter un nouveau regard sur la déposition de Raymond Nart, directeur adjoint du contre-espionnage. Dans tous les services de sécurité du monde, le traitement des indicateurs répond aux mêmes règles cruelles, impitoyables. Les indics ne sont pas des « collaborateurs » ni des « auxiliaires » des services de sécurité, ce sont des otages et c'est ainsi qu'ils doivent être traités. La qualité majeure d'un indicateur se mesure à sa capacité à s'infiltrer dans un milieu donné, à capter la confiance d'individus qu'il sera ensuite conduit à trahir. Ses armes sont le mensonge, la dissimulation, sa capacité à jouer le double jeu. Mais plus l'indicateur est efficace, plus il représente une menace.

Autant de qualités qui constituent une menace permanente pour le service de sécurité qui l'emploie. Que l'indicateur change à nouveau de camp et c'est la catastrophe car c'est désormais l'organisme qui l'utilise qui se trouve exposé à une manipulation. Sans même trahir, l'indic peut avoir été détecté par ses camarades, être malgré tout maintenu en place un certain temps aux fins d'intoxication avant d'être liquidé. C'est pourquoi la règle de base du métier, qui s'impose en toutes circonstances, consiste à systématiquement placer sur écoutes un indicateur afin de contrôler au plus près ses activités, ses fréquentations, et mesurer ainsi, lors de ses débriefings, ce qu'il rapporte et surtout ce qu'il tait. Ce n'est pas une garantie absolue mais c'est le minimum. C'est un principe qui est appliqué dans tous les grands services de police en charge de la lutte contre la criminalité, le gangstérisme, le trafic de drogue. Et pour une raison simple à comprendre : par nature, l'indicateur est amené à fréquenter des gens du milieu et à se livrer lui-même à des activités délictueuses qui seront plus ou moins « couvertes », mais une tentation permanente le guette : abuser de cette tolérance et en profiter pour se livrer, en douce, à ses trafics personnels. S'il se fait prendre, il s'empressera d'affirmer que la police était au courant et qu'il a agi sur les consignes d'un officier de police judiciaire.

S'agissant de terrorisme, les conséquences d'une intoxication peuvent être gravissimes. Des informations tronquées peuvent permettre la réalisation d'un attentat et une manipulation accréditer dans l'opinion que l'État a laissé faire voire encouragé une opération terroriste. Il existe des précédents historiques fameux. Le cas le plus célèbre est celui d'Azev, parvenu au sommet de la police secrète tsariste, l'Okhrana, et qui dirigeait en même temps le groupe terroriste qu'il était chargé de réduire. Nul n'a jamais pu dire avec certitude à quel poste il se sentait en accord avec lui-même. C'est donc avec beaucoup d'étonnement, mais aussi un brin d'amusement, que je découvre l'affirmation de Raymond Nart selon laquelle la DST « n'a écouté Jégat à aucun moment » alors même que la DST considérait son témoignage comme « essentiel » en matière de terrorisme mais que la préoccupation majeure de ce service était de « tester sa sincérité ». Je passe sur la « bonté d'âme » et autre « souci d'humanité » qui conduisirent le contre-espionnage à maintenir des contacts officieux avec leur indicateur. La « bonté d'âme » de la DST, c'est quelque chose que j'ai touché du doigt personnellement et j'ai bien l'intention d'en dire bientôt deux mots.

Chapitre 5

Piégé par Action directe

6 février 1985 à 10 h 30

Le Conseiller Technique

NOTE

à Monsieur le Président de la République

OBJET : Conversation avec M. Braun du BKA[1].
Code du signataire : 21.

M. Braun a souhaité porter à notre connaissance qu'une source habituellement sûre — elle n'est pas directement prise en compte par leur service — avait déclaré que la RAF et AD avaient, au cours d'une réunion, défini quelques objectifs dont la caractéristique commune serait de n'être pas ou peu protégés.
Un seul nom a frappé la source, celui du capitaine Barril.

Ce qui me frappe moi, courant 1997-98, en découvrant cette note élyséenne, c'est de n'avoir conservé aucun souvenir d'un appel de François Mitterrand ou

---

1. Bundeskriminalamt, police criminelle d'Allemagne fédérale (*N.d.A.*).

de Christian Prouteau pour m'avertir que la sainte alliance des tueurs d'Action directe et de la Rote Armee Fraktion (amis et protecteurs des Irlandais) m'avait sélectionné comme « objectif prioritaire ». Lorsqu'il le désire, l'État n'est pas dépourvu de moyens pour faire passer de discrets messages. Tel n'a pas été le cas. Informée d'une éventuelle tentative de meurtre sur ma personne — car de quoi pouvait-il s'agir d'autre ? — la présidence de la République a laissé courir et conservé cette information soigneusement confidentielle des années durant. Une performance dans cette République des fuites.

Je ne peux éviter de penser au général Audran, cet officier assassiné par un commando d'Action directe le 25 janvier 1985. Trois petites semaines séparent cet assassinat de l'avertissement lancé aux autorités françaises par le BKA me concernant.

René Audran, 53 ans, était ingénieur général de l'armement. C'était un homme important qui animait l'une des directions les plus sensibles du ministère de la Défense, celle des « affaires internationales », pudique dénomination du département en charge des ventes d'armes à travers le monde. Un poste délicat en tout temps mais qui l'est encore plus en ce milieu des années 80, puisque Paris est le premier fournisseur d'armes — officiel — de l'Irak, alors engagé dans une guerre interminable avec l'Iran. Ces contrats d'armements pèsent d'un poids considérable dans le budget de la France.

Dans le cadre des lucratives relations franco-irakiennes, j'ai fait la connaissance de René Audran. Rendu à la vie civile, j'ai créé ma société et cherche des clients, des missions. Audran n'ignore rien de mes déboires avec le Château, ni de mes problèmes de santé. Après des mois de rééducation et contre bien des pronostics, j'ai néanmoins récupéré. Je marche, je cours chaque matin 10 km : « Changer d'air ne devrait pas vous faire de mal, que diriez-vous d'une mission en Irak ? » me propose le général, lors d'un petit déjeuner au Concorde Lafayette.

C'est ainsi qu'à titre « privé » et sous une fausse identité, je vais passer plusieurs mois, avec quelques autres Français, à former les commandos irakiens. Le champ de manœuvre s'étend sur plusieurs centaines de kilomètres — le front — et, face à l'urgence, la formation que nous dispensons est essentiellement composée de travaux pratiques : raids derrière les lignes iraniennes, dynamitages de ponts, embuscades, etc. À 40 ans je découvre la guerre, celle d'une autre époque, une effroyable guerre de tranchées. J'y participe sous un uniforme étranger, encadré par un commissaire politique du parti Baas. Bien sûr, notre présence sur le champ de bataille relève du « secret Défense ».

Dans le même temps, Paris livre, cette fois illégalement et en violation de l'embargo international, des armes à l'Iran. Des millions d'obus pour commencer, via l'entreprise Luchaire. Le scandale couve quelques semaines avant l'exécution d'Audran. La DSPD (direction de la sécurité et de la protection de la Défense) ouvre une enquête qui, plus tard, s'orientera jusqu'aux portes du siège du Parti socialiste. Rien d'étonnant à ce que la sécurité militaire ait reçu pour consigne de ne transmettre le fruit de ses investigations qu'au cabinet du ministre. Seul Audran en est également destinataire ; ceci au moins jusqu'au 14 décembre 1984. Un mois avant d'être assassiné. Audran est farouchement opposé à ces ventes d'armes clandestines à l'Iran. Or, l'affaire Luchaire est un peu l'arbre qui cache la forêt.

Il est 20 h 50, ce 25 janvier, lorsque René Audran s'apprête à garer sa voiture dans le jardin de son pavillon à La Celle-Saint-Cloud. L'officier rentre d'un déplacement en RFA. Il est seul et n'a pas de protection, pas même un chauffeur. Huit détonations retentissent dans la nuit. Une exécution bien plus qu'un « attentat ». Six balles dans le ventre et la poitrine et encore deux autres dans la tête.

Un fait : le général n'était donc pas protégé.

Une question : comment les tueurs, somme toute assez minables, d'Action directe pouvaient-ils le savoir ?

Le responsable de la DIA (direction des affaires internationales) n'est pas n'importe qui. Il a autorité sur le complexe militaro-industriel. Ses multiples déplacements, son agenda, la protection rapprochée dont il bénéficie de la part de la DGSE font de lui une cible difficile à atteindre. Son adresse privée est une information confidentielle Défense, délicate à se procurer. Audran n'occupe ses fonctions que depuis huit mois. Connaître avec précision l'heure de son retour alors qu'il revient d'Allemagne, savoir que la sécurité rapprochée dont il bénéficie ordinairement ne sera pas en place relèvent de la très haute performance.

Je sais, parce que c'est mon métier, parce que je connais certains de ceux qui étaient chargés de veiller à sa sécurité, que le dispositif de sécurité de la DGSE a été levé, sur ordre, au passage du général à la frontière franco-allemande. La fenêtre de tir d'Action directe était donc particulièrement étroite et sûre.

Il est 21 h 15 lorsque, par un coup de fil passé à *Libération*, Action directe revendique le meurtre. Quelques jours plus tard, un communiqué commun d'Action directe et de la Rote Armee Fraktion précise : « Nous avons exécuté Audran, responsable de la programmation des programmes de coopération en matière d'armement qui, par son rôle militaire économique, se situait au cœur du projet stratégique de l'impérialisme (...) au cœur de l'homogénéisation des États européens sous le contrôle de l'OTAN. »

Aujourd'hui, ce crime demeure une énigme. Ni les mobiles ni les complicités et encore moins les commanditaires de ce contrat n'ont été mis au jour. Seule une petite poignée de spécialistes s'intéresse encore à ce dossier. La piste la plus fréquemment évoquée voudrait qu'Action directe ait sous-traité ce contrat pour le compte d'un service étranger, iranien pour le coup. Les ayatollahs auraient souhaité éliminer cette figure du lobby irakien hostile aux ventes d'armes clandestines. C'est aller chercher très loin d'éventuelles complicités. C'est aussi prêter aux services iraniens des capacités opérationnelles remarquables, une pénétration en profondeur au sein de la direction des affaires internationales et le recours à un groupuscule d'extrême gauche pour « brouiller les pistes ». Un scénario bien compliqué pour un État qui, lorsqu'il souhaite peser sur les choix politiques de la France, ne manifeste pas tant d'esprit de finesse : prises d'otages au Liban, attentats, massacres, fatwa retentissante, assassinat de l'opposant Chapour Baktiar pourtant protégé par la police française, les méthodes sont aussi rudimentaires qu'efficaces.

Que René Audran ait contrarié les intérêts de l'Iran, c'est une chose. Qu'il ait menacé les intérêts de ceux qui tiraient profit de ces ventes d'armes clandestines en est une autre. Ces derniers, à l'inverse des ayatollahs, entretenaient des relations avec Rouillan et sa bande.

Ce crime a suscité fort peu d'émotion. Dans le *Verbatim* de Jacques Attali, le conseiller spécial du Président expédie l'affaire en deux lignes. Gilles Ménage, dans son *Œil du pouvoir*, relate d'une écriture sibylline la visite que lui fit un informateur, un certain Z, peu de temps après le meurtre : « Ses déclarations étaient un curieux mélange de faits exacts, qui nous surprenaient par leur précision que je prenais soin de faire vérifier par les services de police compétents et d'affirmations totalement invérifiables mais crédibles. Après plusieurs entretiens, je pus ainsi établir une liste de militants d'Action directe censés avoir participé de près ou de loin à l'élimination de l'ingénieur général Audran et un scénario détaillé du *modus operandi* des tueurs. Je demandais à Michel Lacarrière, directeur des Renseignements généraux de la préfecture de police, de passer la liste au crible ; il revint quelques jours plus tard, abasourdi par le carnet d'adresses de cet informateur tombé du ciel qui avait permis de repérer toute une catégorie d'anciens militants d'extrême gauche dont les spécialistes de la lutte anti-terroriste étaient d'avis qu'ils étaient effectivement susceptibles d'avoir repris du service. »

Qu'allait-il advenir de ces renseignements d'une qualité de nature à « abasourdir » le patron des Renseignements généraux de la préfecture de police de Paris qui en avait vu bien d'autres ? Rien, nous dit Ménage : « Nos échanges se prolongèrent jusqu'au jour où M.Z vint un soir déclarer qu'il savait où se cachait Jean-Marc Rouillan. Dans l'instant, je filais chez Pierre Joxe et lui délivrais l'information qui, aussitôt vérifiée, se révéla inexacte. » M.Z est alors plus ou moins congédié, renvoyé sur l'Uclat (unité de coordination et de lutte anti-terroriste) et Gilles Ménage de conclure l'épisode sur des points de suspension : « L'affaire tourna court, rien ne devant "être tiré du témoin". (...) Personne n'a jamais su le fin mot de l'histoire de cet étrange agent qui avait mobilisé à lui seul une demi-douzaine de lignes téléphoniques de la "cellule" pendant plusieurs mois, pour rien. Du moins en apparence... »

Nous savons que le respect dû aux informateurs était sacré dans la république mitterrandienne. À qui fera-t-on croire qu'une puissance comme la France, dont les intérêts vitaux viennent d'être frappés, ne dispose pas des moyens de connaître le « fin mot de l'histoire » face à un informateur qui s'est présenté « spontanément »,

dont je relève qu'il est rapidement requalifié d'« agent »
par Gilles Ménage, qui révèle de mystérieuses connexions
avec l'extrême gauche et se préoccupait « activement
d'obtenir le concours des autorités françaises pour organiser le départ de citoyens iraniens de confession israé-
lite ». Que de périphrases pour nous faire comprendre
que M.Z était... un agent du Mossad !

L'indignation comme la curiosité journalistique sont
souvent sélectives. Parfois le secret de l'instruction est
rigoureusement préservé. Le procès des assassins
d'Audran s'est déroulé dans une quasi-indifférence. On
savait qu'Action directe avait revendiqué le meurtre,
que l'arme du crime avait été retrouvée lors de l'arrestation de Rouillan et Ménigon à Vitry-aux-Loges. Cela suf-
fisait. Quelques exceptions tout de même. Dans leur
Histoire secrète du terrorisme, Charles Villeneuve et Jean-
Pierre Péret rappellent le contexte dans lequel survient
cet assassinat, et la décision prise « au plus haut niveau,
à l'Élysée (...) en ce qui concerne la guerre Iran-Irak de
ne plus mettre tous les œufs français dans le même
panier », décision à laquelle Roland Dumas, « considéré
dès cette époque comme l'homme qui relèvera Claude
Cheysson, n'est pas étranger (...) ». Audran, poursui-
vent-ils, reçoit alors l'ordre d'organiser deux missions à
Téhéran pour évaluer les besoins iraniens. « Effectivement, toujours supervisé par Audran, un deuxième
émissaire français — il s'agit cette fois d'un officier
supérieur du cabinet militaire de Charles Hernu —
retournera bien à Téhéran au début du mois de septembre 1984. (...) Mais dès son retour, surprise !
Audran impavide — il ne fait, là encore, sans commentaire, qu'obéir aux ordres venus d'en haut — arrête
tout. (...) "On" a décidé de traîner un peu les pieds. »

Pour quelles secrètes tractations s'agissant de ventes d'armes à un État placé sous embargo international ? En janvier, Audran est exécuté. Les auteurs de poursuivre : « Les plus proches collaborateurs de l'ingénieur général Audran, plusieurs diplomates de l'équipe Cheysson se montrent aujourd'hui convaincus qu'Action directe a été utilisé seulement comme instrument d'exécution et label (…) L'instruction ? quasi nulle — sans vouloir offenser la dignité du magistrat versaillais chargé des dossiers et qui, de sa vie, n'avait eu à connaître une seule affaire de terrorisme. Pourquoi n'avoir pas dessaisi ce magistrat pour confier l'affaire au "spécialiste" d'Action directe, Jean-Louis Bruguière ? Et à la brigade criminelle de Paris ? » De bonnes questions qui attendent toujours leurs réponses.

Avocat de la famille Audran, Me Juramy s'en posait aussi quelques-unes. Il les a couchées sur le papier à l'attention du juge Vuillemin dans un courrier de quatre pages en date du 17 novembre 1987, dont j'extrais les passages suivants :

« Depuis le début de l'affaire, la famille Audran n'a jamais accepté le fait que la version officielle contienne toute la vérité.

Certes, l'assassinat par Action directe a toujours été considéré comme un fait acquis mais il restait tout de même en suspens deux questions fondamentales : Qui a pu renseigner Action directe ? Y aurait-il derrière cet assassinat un ou des commanditaires ?

Dans ce dessein, j'ai demandé à M. le juge Rippol de faire établir la liste des personnes qui avaient pu connaître le déplacement de l'ingénieur général en Allemagne, déplacement dont il est revenu le matin même de l'assassinat. Ceci parce que Marie-Hélène Audran, dernière fille de l'ingénieur général, avait reçu vers 18 h 30, 19 heures un appel téléphonique d'une femme qui avait un accent et qui lui avait dit : "Suis-je au département de La Celle-Saint-Cloud ?

... M. Audran m'a confié un rapport... À quelle heure rentre votre père ? ˮ À quoi Marie-Hélène Audran avait répondu : "Jamais avant 20 h 30, 21 heures." Cet appel m'apparaissait comme une demande de confirmation du fait que le général rentrait bien ce soir-là, ce qui laissait donc supposer que les assassins étaient au courant du voyage.

Après de très nombreuses difficultés, j'ai pu obtenir cette liste que vous devez avoir. »

Mᵉ Juramy évoque ensuite une autre liste, produite lors du rapport Barba sur l'affaire Luchaire, inventaire « des personnes qui étaient au courant du trafic ». Et l'avocat d'observer : « Parmi ces personnes figure l'ingénieur général Audran. Cette indication est à la fois intéressante mais insuffisante. Ce que n'indique pas le rapport du contrôleur général Barba, qui d'ailleurs n'avait pas à le vérifier, c'est l'opposition catégorique que l'ingénieur général a manifestée en face de ce trafic. C'est cette opposition qui a pu cheminer et parvenir jusqu'au plus bas niveau des trafiquants qui, en face des intérêts énormes que représentent ces trafics, peuvent ne pas avoir hésité à faire supprimer l'ingénieur. »

Suit un important développement visant à éclairer le magistrat sur les circonstances assez particulières de la nomination d'Audran au poste de directeur des affaires internationales et qui peuvent laisser supposer que, non seulement cette nomination n'était pas souhaitée, mais qu'Audran pouvait être considéré comme un « gêneur dans le trafic Luchaire ».

Par qui ? Comment ? Pourquoi ? demande l'avocat qui — pince-sans-rire en dépit de la gravité du dossier — enfonce son clou : « En résumé, le rapport du contrôleur général des armées Barba révèle beaucoup de choses mais ne dit pas que René Audran s'était opposé au trafic Luchaire. Je précise, j'oubliais de vous le dire, que pour obéir, dans le cadre de cette affaire, l'ingénieur général Audran avait demandé des *instructions écrites*[1]. »

S'agissant d'ordres illégaux, dans le cadre d'actes délictueux, la requête d'Audran ne pouvait bien sûr pas aboutir. On imagine sans peine le climat engendré par la résistance ainsi affichée aux desiderata des plus hautes autorités politiques par l'officier supérieur. Était-ce là un motif suffisant pour se débarrasser du gêneur ? La seule chose que l'on puisse affirmer, c'est que Me Juramy a proposé au juge Vuillemin l'audition de deux témoins, amis personnels du général, prêts à certifier sous la foi du serment l'opposition radicale d'Audran à l'opération Luchaire. De tout cela il ne sera pas question lors du procès de ses meurtriers.

Il est vrai que les conditions du procès ne facilitaient pas une couverture médiatique normale : sécurité maximale, bancs du public et de la presse triés sur le volet, magistrats professionnels en lieu et place de jurés tirés au sort. Lors du premier grand procès de membres d'Action directe, en décembre 1986, Régis Schleicher avait averti : « Je récuse par avance toute décision venant ici et je vous préviens que tous ceux qui siégeront ici et participeront à notre jugement s'exposeront à la rigueur de la justice prolétarienne... » Après s'être adressé au président, Schleicher embrayait sur les jurés : « Par ailleurs, j'en profite pour vous demander pendant combien de temps vous allez les protéger... » Faute de combattants, le procès était suspendu deux jours plus tard.

Action directe et ses sympathisants dénoncent aujourd'hui l'« isolement », la « torture blanche » que subiraient Rouillan et Ménigon et d'une manière

---

1. Souligné par l'auteur.

générale le fait que la République leur refuse un statut de « prisonniers politiques ». Mais la conséquence
parfaitement logique, prévisible, de leurs éructations
criminelles fut le rétablissement d'une cour d'assises
spéciale exclusivement composée de magistrats professionnels, c'est-à-dire le retour à la Cour de Sûreté
de l'État en vigueur à la fin des années 70 mais abolie
par la gauche en 1982 car dénoncée comme une
« juridiction d'exception » !

Fils de gendarme, élevé dans une brigade couvrant
une zone rurale, je connais bien la vie à la campagne.
J'y ai passé ma jeunesse jusqu'à l'âge de 18 ans. Je sais
comment le plus infime incident survenu dans la matinée sera commenté dès midi dans l'unique bistrot et
comment, en fin de journée, chemin faisant, il est déjà
parvenu à la brigade. C'est l'une des raisons qui me
conduisent à m'interroger sur le séjour, pendant vingt-
sept mois, du noyau dur d'Action directe dans une
ferme du Loiret, à Vitry-aux-Loges. Jean-Marc Rouillan,
Nathalie Ménigon, Georges Cipriani et Joëlle Aubron,
théoriquement traqués, élisent domicile en novembre 1984 dans ce corps de ferme proche de la Sologne,
et ce jusqu'à leur arrestation en février 1987. C'est de
cette base champêtre que les terroristes d'Action
directe vont dérouler leur alphabet mortel : A comme
Audran ; B comme Georges Besse, le patron de la Régie
Renault exécuté le 17 novembre 1986 et pour lequel
Alain Krivine prononcera cette étrange oraison funè-
bre : « Non, personne parmi les ouvriers de Renault n'a
pleuré ce matin. Comment le pourraient-ils, ceux qui
sont menacés de licenciement par cette direction de
combat constituée autour de feu Georges Besse ? Mais
l'assassinat de Georges Besse ne règle rien et ne saurait
constituer une solution à la lutte pour l'emploi » ; Z

95

comme Zimmerman abattu quelques jours après Audran. Sans omettre une série impressionnante d'attentats à l'explosif.

Jean-Marc Rouillan vit sous l'identité d'Achille de Greff et décline la profession de magistrat, belge de surcroît. Nathalie Ménigon joue, elle, les femmes au foyer. Un ménage à quatre donc si l'on ajoute le tandem Aubron et Cipriani. Les terroristes circulent sur les départementales du Loiret avec des véhicules dotés de fausses plaques d'immatriculation belges. Lorsqu'ils n'exécutent pas de contrats, ils bayent aux corneilles. Rouillan scrute la campagne avec des jumelles, Ménigon nourrit ses hamsters. C'est la seule activité sociale constatée par leurs voisins, sans doute impressionnés par la grande disponibilité des magistrats belges. Je sais que le meilleur endroit pour se cacher, c'est précisément de se trouver là où l'on ne vous cherche pas, mais je reste surpris que, dans une région où il n'y a pas si longtemps les paysans clouaient une chouette à la porte des granges pour chasser les mauvais esprits, ces Belges-là n'aient pas fait jaser. Il n'en faut pas toujours tant pour éveiller la curiosité soupçonneuse des gendarmes.

Celle-ci paraît d'ailleurs l'avoir été. Selon le *Figaro Magazine* du 28 février 1987, « les gendarmes (...), la première année de l'installation du couple terroriste, sont venus vérifier que la maison — aux pièces anormalement éclairées la nuit — n'était pas cambriolée ! ». Désireux d'en savoir plus, le journaliste prend contact avec l'officier de liaison de la gendarmerie d'Orléans qui, sans grande surprise, déclare : « Je ne peux répondre à votre question. » Selon la même enquête journalistique : « À Vitry, on se méfiait des inconnus. Certains habitants avaient repéré, en fin de semaine dernière, des voitures immatriculées en région parisienne, qui s'arrêtaient anormalement aux alentours du lieu-dit Le Gué-Girault. On avait même relevé le numéro des voitures et téléphoné aux gendarmes. » En réalité, il s'agissait des véhicules des RG venus repérer les lieux et qui, en dépit du luxe de précautions que l'on imagine, n'en avaient pas moins été repérés, la présence de leurs seuls véhicules ayant suffi à jeter le trouble.

Quiconque se rend à Vitry-aux-Loges, à moins de deux heures de Paris par la route, ne manque pas d'être surpris de certains panneaux routiers indiquant « Cercottes ». Cercottes n'est pas un simple « terrain militaire », c'est le centre d'instruction du service action de la DGSE. Viennent s'y former et s'y entraîner les agents très spéciaux qui, un jour, sous une fausse identité, et pourquoi pas sous l'uniforme d'une autre armée, sont expédiés à l'étranger pour remplir une mission au service de la France : de la simple observation à l'opération de sabotage, dans tous les cas c'est le secret le plus absolu qui entoure les scénarios étudiés, les techniques et en premier lieu tout ce qui pourrait concourir à l'identification des agents : état civil, photographies, etc. Tout ce qui touche à Cercottes — personnels, véhicules, communications — relève du secret de la Défense nationale. De quoi prendre la mesure de la baraka des membres d'Action directe qui ont passé deux ans à l'ombre (20 km) du service action de la DGSE sans être jamais repérés.

Une chance à laquelle s'ajoute l'extraordinaire insouciance avec laquelle vivent les assassins et qui, à mon sens, ne peut s'expliquer que par un sentiment d'impunité et de protection. Au cours de la perquisition de leur ferme furent découvertes les armes ayant servi aux meurtres de Besse et d'Audran. Cette découverte permettra leurs lourdes condamnations. La responsabilité collective n'existant pas, la simple revendication de ces crimes par Action directe n'aurait pas été suffisante pour les confondre.

Lorsqu'on songe aux moyens financiers dont disposait le groupe et sachant que le plus petit voyou n'ignore pas que la première chose à faire consiste à se débarrasser de l'arme du crime, ou qu'il suffit de changer le canon de l'arme pour faire disparaître l'élément de preuve qui va vous accabler, la conservation de ces pièces à conviction est tout simplement stupéfiante. À tel point que Rouillan éprouve la nécessité de s'en justifier au cours de l'été 2001, dans une longue interview recueillie par Karl Zéro pour son mensuel *Le Vrai Papier Journal.* C'est, je crois, la première fois qu'abandonnant le terrain des luttes en prison, il consent à évoquer ses années terroristes et en particulier l'affaire Audran. Au terme de quinze années de réflexion.

À l'unisson de la partie civile, Rouillan dénonce les conditions de l'instruction, mais avec beaucoup moins de retenue. Si Action directe continue de revendiquer l'exécution d'Audran, Rouillan soutient que la police n'a jamais saisi à Vitry-aux-Loges les armes ayant servi au meurtre ! CQFD, lui et ses camarades ne devraient donc plus être en prison. Voilà qui n'est pas sans me rappeler quelque chose...

> *Karl Zéro* : — (...) Selon certaines confidences policières, les armes ne correspondaient pas à celles qui ont servi à tuer le général Audran. Ce qui pourrait signifier que ce ne sont pas des militants d'Action directe qui ont tiré...
>
> *Jean-Marc Rouillan* : — Nous avons bien sûr appris que les langues se délient et que plus d'un acteur de la répression reconnaît enfin que des preuves ont été fabriquées pour fonder nos condamnations. Entre autres, les expertises balistiques falsifiées et les scellés trafiqués. Nous n'avons jamais demandé de contre-expertise parce que nous refusions tout acte de procédure. Mais, lors du procès Besse, dans une déclaration, nous avons prié les démocrates, très prompts à condamner notre violence,

de se pencher attentivement sur le problème des fausses preuves et en particulier les expertises des armes.

L'accusation portée est gravissime : c'est la dénonciation, par un terroriste, d'un système au sein duquel des officiers de police judiciaire, des experts, des juges se seraient ligués pour participer à un montage passible de la cour d'assises. N'est-ce pas dans les vieux pots — irlandais — que l'on prépare les meilleures soupes de l'innocence terroriste ?

Ce qui m'étonne le plus, c'est le peu d'écho rencontré par cette interview. Si les médias, le service public se disputent l'écrivain Rouillan, assurent sa promotion, estiment pertinente sa dénonciation de l'univers carcéral, il n'y a plus personne pour reprendre ses déclarations fracassantes concernant « ces acteurs de la répression » qui n'hésiteraient pas à « reconnaître » que l'appareil judiciaire, ses experts, les officiers de police judiciaire ayant validé la perquisition de Vitry-aux-Loges sont en définitive aussi « pourris » que ceux qu'ils ont expédiés en prison ? Car de deux choses l'une : soit Rouillan raconte n'importe quoi et c'est là une occasion très « citoyenne » de confondre cet imposteur, soit effectivement il existe un petit noyau de policiers et de magistrats qui distillent leurs confidences venimeuses sur le dos de leurs collègues, accréditant l'idée, dans une partie de l'opinion, que l'emprisonnement des terroristes d'Action directe est une injustice, que leur combat est légitime.

Force est de constater qu'Action directe perd la main après le changement de majorité en mars 1986, après le premier départ de la gauche du pouvoir. Charles Pasqua, ministre de l'Intérieur de Jacques Chirac, provoque l'indignation des beaux esprits en proposant de « terroriser les terroristes » mais aussi en promettant une prime d'un million de francs pour tous renseignements permettant l'arrestation des membres d'Action directe. L'avis de recherche est placardé le 20 novembre 1986, trois jours après l'assassinat de Georges Besse. La police reçoit le message 5 sur 5. Il est répercuté par le commissaire Bardon qui vient d'être nommé à la tête des RG. Le policier est célèbre pour ne pas tourner autour du pot. Certains se souviennent encore du passage de consigne : « Alors, Action directe, maintenant, c'est terminé ! Suffit la plaisanterie ! » La chronologie ne ment pas. Six mois plus tard, les assassins sont sous les verrous. Ils étaient « insaisissables » depuis six ans.

Il existe de multiples versions sur l'origine de l'information qui a permis de remonter jusqu'à la ferme du Gué-Girault. Voici celle que délivre Christian Prouteau à François Mitterrand, quarante-huit heures après l'intervention du Raid à Vitry-aux-Loges :

Le Conseiller Technique   *Le 24 février 1987*
                                             N° 17/2

NOTE

à l'attention de Monsieur le Président de la République

OBJET : Arrestation des leaders d'Action directe.

Je tiens de source sûre l'origine de l'information, qui a conduit à l'arrestation des leaders d'Action directe. Un membre du cabinet de M. Pasqua a pour amie intime une assistante sociale de la région orléanaise. Cette dernière a, parmi les personnes dont elle s'occupe, une vieille dame qui habite une petite maison, se trouvant pas très loin de l'endroit où ont été arrêtés Rouillan et les autres. Son attention a été surtout attirée par la voiture à l'immatriculation belge et elle s'en est ouverte auprès de l'assistante sociale. Celle-ci en a parlé à son ami et les Renseignements généraux ont immédiatement fait une enquête, qui a confirmé la présence des gens d'Action directe. Comme quoi le hasard fait parfois bien les choses...

Christian Prouteau

Le « hasard » ne tient pourtant que fort peu de place dans la saga d'Action directe. Quelques mois plus tôt, le patron de l'Uclat, le contrôleur général François Le Mouël, s'arrachait encore les cheveux. Dans un rapport dressant le bilan globalement négatif de l'année 1985, le policier déplorait qu'aucune arrestation n'ait été effectuée depuis le mois de décembre 1984. La carence principale des services de police, constatait-il, « ce ne sont ni les moyens en hommes, ni en matériel, mais un problème de renseignement... Dans le passé, nombre des arrestations effectuées dans les rangs d'Action directe avaient leur point de départ dans des renseignements émanant de sources humaines. Depuis plus d'un an, les services spécialisés ne disposent pas de sources humaines fiables, et surtout suffisamment bien placées ».

Triste constat. Les terroristes d'Action directe disposent de solides « sources humaines » au cœur du pouvoir, mais la police, elle, n'a plus d'indics chez eux. Ce que ne peut pas écrire le fonctionnaire, c'est que toutes les taupes placées dans la mouvance d'Action directe ont été liquidées après avoir été balancées. Il existe une partie confidentielle du rapport Le Mouël, jamais rendue publique mais dévoilée dans *Des affaires très spéciales* de J.-M. Bourget et Y. Stefanovitch. Le Mouël précise le point suivant : « Nous avons réussi à infiltrer un homme à un niveau assez élevé dans la hiérarchie d'Action directe, mais les efforts de cette taupe sont contrecarrés par les initiatives d'un ex-conseiller de l'Élysée... » Et le patron de la lutte anti-terroriste de citer un rapport de filature de 1983 où Cipriani rencontre la « taupe » et un conseiller à l'Élysée à l'époque...

101

Bigre, nous voici en présence d'une énigme à deux inconnues : une « taupe » et un mystérieux « ex-conseiller de l'Élysée » en 1985.

D'aucuns s'étonneront du manque de prudence du commissaire Le Mouël pour évoquer sa « taupe » et des précisions qui rendent son identification quasi certaine. Qu'on ne s'inquiète pas outre mesure pour Jean-Louis Léandri (c'est le nom de la « taupe ») : il est mort depuis longtemps. Après avoir infiltré pendant des mois le noyau dur d'Action directe, cet homme qui, pour les besoins de la cause, était fiché au terrorisme, est retrouvé mort à son domicile. C'est sa compagne de l'époque qui, fin 1983, a alerté le commissariat du 17e arrondissement : « Mon mari vient de se suicider, il est policier. » De fait, Léandri gît nu sur son lit, une balle dans la tête. Il était tout à la fois « dépressif et amateur de roulette russe », m'expliquera-t-on, ce qui, j'en conviens, sont deux activités fort peu compatibles. Les RG, qui suivent de près les états dépressifs, s'empressent le soir même de nettoyer son appartement. Au chapitre des emplettes : sa carte d'enquêteur des Renseignements généraux établie sous la fausse identité de Gély. La « taupe » grillée auprès d'Action directe avait en effet été retirée du front de la lutte antiterroriste et, au nom des services rendus, était employée comme enquêteur contractuel. Une politesse de l'administration insuffisante à lui remonter le moral. Celui de sa compagne n'est pas non plus bien haut. C'est à l'étranger, en altitude, loin de la fureur parisienne qu'elle tentera de le recouvrer en faisant table rase du passé. L'affaire Léandri continue d'alimenter parfois les conversations des vieux briscards du métier. Pour l'un, Léandri était effectivement un passionné de roulette russe. Une discipline qu'il maîtrisait suffisamment pour tromper la mort. Jusqu'au jour où un malicieux, expert en courses et jeux divers, aurait eu l'idée de remplacer son arme de service par une autre, rendant l'exercice beaucoup plus « hasardeux ». Pour l'autre, que j'ai employé de-ci de-là comme vacataire, Léandri, comme tout indicateur même « au repos », était toujours sur écoutes téléphoniques. Les transcriptions des jours précédant cette mort brutale auraient permis de faire d'utiles rapprochements. Ces pièces n'ayant pas été jointes au dossier, promptement clos, du suicidé, nous entrons là au royaume des hypothèses invérifiables.

Max Gallo est écrivain lui aussi, mais bien innocent. Du reste, il n'a jamais été conseiller à l'Élysée. En 1983, il est porte-parole du gouvernement. C'est à lui qu'échoit la corvée de démentir, sur le perron de l'Élysée, tout contact entre Paul Barril et la présidence de la République. Le mercredi 4 octobre 1983 donc, à l'issue du Conseil des ministres, avec autant de passion qu'il en met aujourd'hui à faire franchir le col du Grand-Saint-Bernard à Bonaparte, il lit le texte de son communiqué : « Le capitaine Barril n'appartient pas et n'a jamais appartenu aux services de l'Élysée. L'enquête révélera dans quelles conditions il a pu utiliser du papier à en-tête de la présidence de la République. » En 2001, ceux qui ont accordé quelque crédit au porte-parole du gouvernement français peuvent écrire à Max Gallo pour lui demander où en est l'enquête… L'essentiel est ailleurs. De ce communiqué date ma rupture définitive avec l'Élysée. Ma vie va basculer. Je vais rompre avec mes camarades du GIGN, mon chef Christian Prouteau, la cellule. La plupart d'entre nous ne le souhaitions pas, mais c'est ainsi, inexorable. Me voilà lâché en rase campagne. Que vaut la parole d'un petit capitaine face à celle, toute-puissante, de l'État, délivrée depuis le perron de la présidence de la République ? « Électron libre », « mythomane », « faussaire et voleur de papier à en-tête », dans les semaines qui vont suivre, je vais essuyer un véritable pilonnage par l'artillerie lourde du pouvoir socialiste. Il dure encore, mais je n'ai jamais baissé les bras. Au cœur de cette crise qui sème un vent de panique au sommet de l'État, toujours et encore le terrorisme et Action directe.

Face à l'urgence, la décision de me liquider a été prise quelques heures avant un Conseil des ministres, au cours d'une réunion à laquelle participent Gilles Ménage, Christian Prouteau et François de Grossouvre. Seul ce dernier m'a défendu. C'est l'heure du « ménage », une occasion inespérée pour un obscur membre du cabinet présidentiel de s'extirper de la grisaille dans laquelle il était jusqu'alors confiné. « Je m'occupe de régler son cas », promet-il.

À l'origine de cette tempête, une nouvelle offensive contre la cellule anti-terroriste menée depuis fin septembre par trois journaux de gauche. Les rôles ont été savamment répartis.

Jour 1, à *Libération,* le quotidien gauchiste, d'ouvrir le feu par une attaque en règle de la cellule, ses hommes, son fonctionnement et les contacts que j'ai noués avec un des responsables du FLNC.

Jour 2, *Le Canard enchaîné* entre en scène et se taille la part du lion côté révélation. C'est la publication de plusieurs documents, dont l'un à en-tête de la présidence de la République, qui atteste des contacts que j'ai pris avec Me Thierry Fagart, l'avocat de Rouillan, pour négocier sa reddition et assurer sa sécurité.

Jour 3, *Le Monde* se charge de la synthèse, objective et distante, comme il se doit. Tirant les enseignements des révélations apportées par ses confrères, le quotidien, dans son édition du 23 septembre 1983, feint l'étonnement : « Ce n'est donc pas un "politique" de l'entourage présidentiel qui aurait été ainsi promu interlocuteur des clandestins de l'ex-FLNC, mais un officier formé à l'action plus qu'à la diplomatie. (...) La révélation de ce rendez-vous, par la confusion qu'elle ajoute, pose à nouveau le problème de la cellule élyséenne regroupée autour de M. Prouteau. »

Peut-on être plus clair ? Le problème, ce ne sont pas les négociations avec le FLNC, avec Action directe, ce n'est pas même Barril, mais bien l'existence de cette cellule anti-terroriste. À tel point que trois journaux nettement marqués à gauche n'hésitent pas à jeter dans les pattes du gouvernement une véritable bombe politique pour parvenir à leurs fins. Car, pour l'Élysée, la mise sur la place publique des tractations avec Action directe est inacceptable.

Pour bien comprendre, il faut remonter quelques mois plus tôt. En juin 1983, emportant tous les barrages de police placés sur leur route, plusieurs milliers de policiers déferlent place Vendôme jusque sous les fenêtres du ministre de la Justice, Robert Badinter, en scandant : « Démission ! démission ! » Du jamais vu dans l'histoire de la police nationale. Le 31 mai, une patrouille de voie publique composée d'un brigadier et de trois gardiens de la paix souhaite contrôler, rue Trudaine, dans le 9ᵉ arrondissement de Paris, l'identité de deux individus jugés suspects. Au « vos papiers », les deux hommes répondent en ouvrant le feu. Ils s'enfuient après avoir laissé deux cadavres et un blessé sur le trottoir. La nouvelle se répand comme une traînée de poudre dans les commissariats. Pour l'heure, les collègues des deux victimes ignorent que ces meurtres sont signés Action directe. Lors des obsèques, Gaston Defferre se fait copieusement siffler. Quelques semaines d'enquête sont nécessaires pour établir l'identité de deux suspects. Le premier, Mohand Hamani, a déjà été arrêté en 1980 et jugé pour deux hold-up, arrêté à nouveau le 9 avril 1982 en flagrant délit alors qu'il pénètre dans un garage bourré d'armes et d'explosifs, box dont il a la clé, il est relaxé... faute de preuves.

Pour ma part, c'est en octobre 1982 que j'ai été chargé de négocier la reddition de Jean-Marc Rouillan. Car la thèse qui prévaut alors en haut lieu est que le chef d'Action directe ne demande qu'à s'expliquer devant la justice. S'il ne le fait pas, c'est parce qu'il craint d'être « mesrinisé », expression qui fait référence à l'interpellation de Jacques Mesrine par l'anti-gang du commissaire Broussard, le 2 novembre 1979, au terme de laquelle la médecine légale extrait 19 balles de calibre 5/56 du corps de l'« ennemi public numéro 1 ». S'engage alors un épisode déterminant du « terrorisme à la française » mais aussi de la guerre souterraine qui fait rage, depuis l'été 1981, entre l'État et sa police. Pour comprendre l'acharnement mis, par la suite, à ruiner ma réputation, il faut revenir sur l'extraordinaire longévité d'Action directe dans l'un des pays les plus policés de la planète.

Rouillan affirme donc sa volonté de se rendre chez le juge mais sans vouloir prendre le risque de passer par la case police. C'est ce qu'il répète à qui veut l'entendre et ce qu'on peut lire dans les journaux. Ainsi suis-je amené à prendre contact, par l'intermédiaire d'un journaliste du *Matin de Paris*, avec son défenseur Me Thierry Fagart aux bons soins duquel je confie la lettre suivante : « Monsieur Rouillan, je désirerais vous rencontrer personnellement où vous voulez et quand vous voulez. Je suis habilité par la Présidence pour traiter directement avec vous. À bientôt j'espère. Capitaine Barril. » On me fera rapidement savoir que Rouillan exige des garanties. Il les obtient : c'est le fameux document à en-tête de la présidence de la République dans lequel Prouteau, conseiller technique de François Mitterrand, s'engage sur la sécurité du terroriste. Charles Hernu, ministre de la Défense, est au courant. Le chef de l'État est au courant. Tout le monde d'ailleurs est bientôt au courant. Ces négociations vont durer plusieurs mois. Les services de police spécialisés en suivent le déroulement comme le lait sur le feu, avec, bien sûr, le secret espoir de les torpiller. Ils sont dans leur logique, nous dans la nôtre. Je fais remarquer en passant que c'est parce que le pouvoir socialiste se défiait de ses flics qu'il a fait venir des gendarmes à l'Élysée. Nous sommes jugés plus disciplinés, plus discrets, moins politisés, en un mot plus « républicains ». Et peut-être aussi plus manipulables...

En m'investissant dans cette mission, je n'ai rien fait d'illégal. Il s'agissait de présenter Rouillan sain et sauf à un juge d'instruction. Ce n'est pas la première fois qu'eu égard à la discipline qui y règne, le GIGN se voit chargé de missions de protection de criminels. Immunité diplomatique oblige, c'est à lui qu'il échut, en juillet 1978, de raccompagner jusqu'à leur avion les assassins de l'inspecteur Capela. Ce policier avait été abattu par des personnels de l'ambassade d'Irak lors d'une prise d'otages. En proie à la colère à la suite de ce drame, certains policiers laissaient courir le bruit qu'ils allaient « se farcir » les meurtriers de leur collègue avant leur départ pour l'Irak.

La révélation des négociations avec Action directe, Mitterrand ne veut pas, ne peut pas l'assumer. Il décide donc de me jeter aux chiens. Tandis que Max Gallo affirme que je suis inconnu à l'Élysée, Charles Hernu me téléphone, à minuit, le 5 octobre, alors que je suis en convalescence dans les Hautes-Alpes[1]. Il exige que je

---

1. Voir le compte rendu complet de cet échange dans *Guerres secrètes à l'Élysée, op. cit.*

démente toute implication de l'Élysée, que je déclare avoir agi de ma propre initiative, sans rendre compte, que je rompe tout contact avec Mᵉ Francis Szpiner, mon avocat. Bref, il me demande de me faire hara-kiri. Soumis lui-même à une pression terrible, Charles Hernu n'hésite pas à me menacer à plusieurs reprises au cours d'une communication que, bien inspiré, j'ai pris la précaution d'enregistrer. Je n'ai pas gardé rancune contre Hernu. C'était un homme entier ; il a fait énormément pour la gendarmerie et pour la France, il n'empêche que j'ai eu chaud.

Détenteur de cet enregistrement téléphonique inespéré, je disposais d'un atout non négligeable. Je crois que cette cassette m'a sauvé la vie. Dans le même temps, Christian Prouteau tente de renouer les fils. On me fait passer un message : Tu n'as qu'à dire que la lettre à Rouillan est un faux. » Au terme d'une nuit sans sommeil j'ai pris ma décision. C'est non. Définitivement. Je ne me sacrifierai pas pour permettre à Mitterrand de mentir et de se défiler.

Dès lors, Charles Hernu et François Mitterrand ne cesseront plus de veiller sur mon sort avec une scrupuleuse attention.

Chapitre 6

La guerre des otages

L'« affaire iranienne » va devenir, au fil des mois et jusqu'à l'élection présidentielle de 1988, le principal champ de bataille de la première cohabitation. Elle oppose François Mitterrand à son Premier ministre Jacques Chirac. La confrontation ne porte pas uniquement sur le milliard de dollars d'Eurodif mais sur une question sensible entre toutes, celle des otages français détenus au Liban par le Hezbollah. L'Élysée, comme Matignon, estimait (manifestement à tort) que celui qui obtiendrait leur libération marquerait un point décisif dans la course à la présidence. À l'époque du Chah, l'Iran et la France devaient signer un accord de coopération nucléaire autour d'un complexe de production d'uranium enrichi. L'arrivée des ayatollahs au pouvoir, la confrontation avec l'Occident conduisent François Mitterrand à ne pas honorer les clauses de cet accord. Depuis 1982, l'Iran réclame donc le remboursement de sa participation à Eurodif. Le règlement de ce contentieux financier, point de passage obligé de la libération des otages, prendra des années et se soldera par le versement, en 1987, de 330 millions de dollars (chiffre officiel) à la République islamique. En coulisse, les « cabinets noirs » des deux camps étaient donc mobilisés en permanence sur la libération des otages. À défaut de pouvoir atteindre l'objectif, leur priorité consistait à torpiller les initiatives « d'en face ». Cette terrible guerre souterraine s'est traduite par la multiplication des coups tordus. Le volume et la fréquence des notes rédigées par la cellule de l'Élysée sur l'Iran ou les otages n'a cessé de s'accroître à mesure que l'on s'approchait de l'échéance électorale. J'en reproduis quelques-unes qui me paraissent refléter tant les enjeux franco-iraniens dont des citoyens français étaient les otages, que l'ambiance de sourde compétition qui faisait rage entre les différents acteurs de ce dossier.

Présidence de la République   IRAN-PR-LIBAN
                                               Le 5 mai 1987
                                               N° 60/2
Le Conseiller Technique

NOTE

à l'attention de Monsieur le Président de la République

OBJET : Contentieux franco-iranien.

Le Premier ministre aurait désigné M. Trichet pour se rendre à Téhéran pour établir un accord, portant sur le contentieux financier franco-iranien. D'après nos renseignements, le voyage est prévu dans les jours à venir. La question à débattre serait celle du calcul du solde dû par la France, par confrontation des chiffres de Téhéran et Paris.

Dès ce problème réglé, après acceptation par la France des marchés d'armement demandés par Téhéran (cf. ma note du 4 mai) et la libération d'Anis Naccache, les otages français seraient libérés.

Destremeau, du Quai d'Orsay, serait chargé de ces dernières transactions. Téhéran aurait rappelé au gouvernement son accord de garantir les dettes de l'Irak envers la

France, dans l'hypothèse où Saddam Hussein serait vaincu. La personnalité de Destremeau ne manquant pas d'intérêt, compte tenu du niveau auquel il intervient dans le problème des otages, vous trouverez ci-joint une note de renseignements, que nous avons pu établir à travers nos différents contacts.

Christian Prouteau

Quelques jours plus tard, le patron de la cellule s'inquiète d'une des tentatives les plus « dangereuses » jamais esquissées par le gouvernement de Jacques Chirac pour obtenir la libération des otages. L'adjectif paraît s'appliquer à un projet de ventes de missiles Exocet à l'Iran. Certes, ces missiles sont très performants mais sont-ils intrinsèquement plus « dangereux » que les obus exportés clandestinement par le précédent gouvernement... socialiste ?

Présidence de la République   *Le 16 juin 1987*
                                                                         N° 69/2
Le Conseiller Technique

NOTE

à l'attention de Monsieur le Président de la République

OBJET : Problème des otages-vente d'armes à l'Iran.

Dans les différentes tentatives menées par les nombreux émissaires du gouvernement pour obtenir de l'Iran la libération des otages, la dernière, dont nous avons eu connaissance, est sans aucun doute la plus dangereuse. L'affaire remonte au début de l'année où M. Chalandon, qui possède quelques amis importants en Libye, les a contactés pour savoir si leur pays pouvait intervenir en faveur des otages français. Comme à chaque fois qu'une négociation de ce type a été engagée, l'aide demandée a

111

été promise en échange d'un contrat de vente d'armes, en l'occurrence, et c'est là tout le danger de cette affaire, il s'agit de missiles Exocet. (...)

Christian Prouteau

Anecdotique sur le fond, la note du 8 décembre 1987, n° 128/2, illustre comment la cellule, jadis « anti-terroriste », s'est recentrée sur des missions de renseignements au profit exclusif de François Mitterrand. La cohabitation fait rage et l'espionnite sévit jusqu'au sein des appareils du groupe de liaison aérien ministériel (Glam). Jean-Charles Marchiani, *missi dominici* de Charles Pasqua alors ministre de l'Intérieur, se fait piéger. Marchiani, qui fit pourtant ses premiers pas au SDECE — service fameux pour son implantation dans le « transport aérien » —, oublie les règles de base du métier. Il se laisse aller à quelques bavardages qui n'ont pas échappé aux oreilles indiscrètes d'un personnel navigant dont la formation de base — le service des plateaux-repas — est bien souvent enrichie d'options complémentaires.

Présidence de la République   *Le 8 décembre 1987*
                                N° 128/2
Le Conseiller Technique

NOTE

à l'attention de Monsieur le Président de la République

OBJET : Négociation France-Iran (suite).

Un renseignement sûr, confirmé, nous est parvenu concernant des accords passés entre la France et l'Iran, à travers un intermédiaire dont la réputation soulève certaines interrogations. En effet, le samedi 28 novembre assez tard dans la soirée, M. Ghorbanifar, bien connu pour sa participation à l'Irangate, est contrôlé à la police de l'air et des frontières et ensuite par les douanes. Cachés dans le journal *Le Monde*, il a été découvert deux documents confidentiels rédigés en farsi. À ce moment-là, Ghorbanifar est entré dans un grand état d'excitation, menaçant le service officiel et a exigé que M. Pasqua soit informé de son interpellation. Compte tenu de la personnalité de Ghorbanifar et des menaces proférées, les fonctionnaires ont alerté leur hiérarchie. Très rapidement, ils reçurent l'ordre de libérer Ghorbanifar, de lui restituer ses documents et de détruire les photocopies qui auraient pu en être faites. Il a été exigé que cette interpellation et ses suites restent strictement confidentielles.

Ce renseignement est à rapprocher de l'information que je vous avais communiquée, concernant les péripéties d'une première négociation entre la France et l'Iran sur des équipements militaires. J'avais évoqué à cette occasion le voyage effectué par MM. Marchiani et Ghorbanifar dans un avion du Glam à Damas. Étant donné que, dans cette affaire assez compliquée de négociations entre la France et l'Iran, il n'y a pas de petits détails, un personnel navigant a relevé qu'au cours du transport de M. Marchiani et des personnes qui l'ont accompagné, lors de la récupération des otages à Larnaca, le problème de fournitures d'armement à l'Iran (pièces détachées en particulier) a été largement évoqué par les passagers. Compte tenu de la spécialité de Ghorbanifar, s'il n'avait pas une place prépondérante dans le cadre des négociations secrètes entre le gouvernement français et l'Iran, on voit mal pourquoi la hiérarchie policière aurait exigé que l'interpellation reste confidentielle.

Christian Prouteau

La prochaine fois que Jean-Charles Marchiani empruntera un avion du Glam, il n'oubliera pas de converser avec ses voisins en Corse. Ce n'est pas une garantie absolue mais, comme le fait justement observer Prouteau, « il n'y a pas de petit détails ». Jean-Charles Marchiani ne pense sans doute pas autrement. La cohabitation se fait, en effet, parfois courtoise pour les petits aléas de la vie quotidienne, tel le respect du code de la route.

Présidence de la République   *Le 6 août 1987*
                                               N° 90/2

Cher collègue,

Suite à notre entretien téléphonique, je vous confirme par la présente la demande d'indulgence concernant M. Marchiani, circulant à bord d'un véhicule immatriculé 892 DXV 75, et contrôlé pour franchissement de bande blanche.
Avec mes remerciements,

                                               Le lieutenant Guézou

Monsieur le Commandant
de la Brigade Motorisée
107, Rue d'Elbeuf
80030 — Amiens

Cette demande d'indulgence présidentielle fut-elle entendue ou bien Marchiani fut-il contraint de se mettre aux nouilles pour s'acquitter de ce procès-verbal de quelques centaines de francs ? Je n'ai pas la réponse.

Même les initiatives non gouvernementales suscitent une intense curiosité dès lors qu'il s'agit des otages. Quoique dans l'exemple qui va suivre il s'agisse d'une pure hypothèse de ma part. Qui peut jurer du motif pour lequel le pouvoir s'intéresse aux activités d'un membre du barreau tel que Jacques Vergès ? Pas moi. Ceux qui ont la mémoire des dates et de plus auront le courage de poursuivre la lecture de cet ouvrage retiendront avec intérêt qu'en janvier 1986 une mystérieuse « source sûre » permet à François Mitterrand de connaître, quasiment en temps réel, l'identité des nouveaux clients de l'avocat. Souvent, une « source sûre » désigne une interception téléphonique ou une « fontaine », expression qui désigne la sonorisation d'un appartement. À exclure dans ce cas, ces pratiques d'un autre âge ayant été abolies en 1981...

Présidence de la République   *Le 28 janvier 1986*
                                               N° 12/2

Le Conseiller Technique

NOTE

à l'attention de Monsieur le Président de la République

OBJET : Famille des otages.

   Nous venons d'apprendre, de source sûre, que Mme Fontaine a pris Me Vergès comme avocat pour défendre ses intérêts dans le problème de la prise d'otages. Me Vergès a ajouté que maintenant qu'il est dans cette affaire : « Cela va bouger au gouvernement. »
   Il y a actuellement au sein des familles des prisonniers beaucoup de difficultés dans leurs relations, essentiellement dues à Mme Kaufmann à laquelle beaucoup reprochent d'utiliser son problème à d'autres fins qu'à l'obtention de la libération des otages.

Christian Prouteau

Chapitre 7

« Les mecs du pouvoir »

En mai 1974, en pleine campagne présidentielle, François Colcombet, ex-substitut du parquet de Lyon et cofondateur du Syndicat de la magistrature, invité à l'émission de télévision « Les Dossiers de l'écran » avait, lors d'une intervention particulièrement remarquée, émis l'hypothèse étonnante — en tout cas pour l'époque — qu'un parti de la majorité aurait pu recourir au hold-up pour assurer son financement politique. « Nous espérons ne pas avoir à découvrir que le hold-up de Strasbourg a servi à remplir les caisses d'une organisation politique », avait déclaré ce magistrat, futur député socialiste.

Le hold-up en question, perpétré par le gang des Lyonnais, avait rapporté 11 680 000 francs, un peu plus 1 780 000 euros : une somme colossale. La polémique lancée par ce futur élu socialiste a prospéré pendant des années. Un an plus tard, le juge Renaud, en charge du dossier, est assassiné. Selon le journaliste Jacques Derogy, François Renaud, écoutant l'intervention télévisée du substitut, aurait déclaré : « Ce bavard vient de foutre en l'air des mois de filatures, sans compter qu'il risque de me faire descendre. » C'est Jacques Vergès qui, agissant pour le fils du juge Renaud, empêcha longtemps qu'on referme trop vite ce dossier où apparaissait effectivement que plusieurs des truands du gang des Lyonnais avaient navigué, pendant la guerre d'Algérie, dans les eaux troubles du SAC sans que, pour autant, l'hypothèse Colcombet soit confortée par un commencement de preuve.

Certains hold-up restent ainsi dans la légende. Je pourrais citer le casse de la Société générale de Nice dont la notoriété doit beaucoup à la personnalité de Spaggiari, ancien membre de l'OAS et relation du sulfureux maire de Nice, Jacques Médecin. Là encore, l'hypothèse d'un financement politique n'a pas été sérieusement corroborée. En revanche, d'autres fric-frac semblent condamnés aux poubelles de l'histoire. Ils disparaissent des gazettes, ne donnent lieu ni à débats ni à polémiques et, en définitive, ne laissent quasiment aucune trace quand bien même le montant du butin empoché a fait voler en éclats les précédents records.

C'est le cas du hold-up de Condé-sur-l'Escaut perpétré le 28 août 1979. Cette affaire constitue l'un des premiers dossiers sur lesquels je fus amené à travailler en arrivant à la cellule anti-terroriste de l'Élysée. Une évidence s'imposait : avec 17 millions de butin (dont on ne retrouvera que quelques centaines de milliers de francs), le record de Strasbourg était très largement battu. Les malfrats, au nombre d'une dizaine, très bien renseignés, avaient agi selon un *modus operandi* particulièrement élaboré pour l'époque : liaisons radio, nombreux véhicules loués au moyen de faux papiers ou volés, plus un tuyau « en or » sur les 210 sacs de billets contenant la retraite des mineurs du Nord !

Un détail souligne le caractère inhabituel de l'opération : une femme y a activement participé. Un cadre important de la caisse d'épargne — qui ne sera jamais inquiété —, déjà instigateur d'un précédent hold-up dans le 5e arrondissement de Paris, a fourni les informations. Je lui adresse un petit « coucou » ayant, si l'on peut dire, le privilège d'être l'une des rares personnes à connaître son identité et le rôle qu'elle a joué. Grâce à une facture établie au nom d'un certain José Dallo-Domingo et oubliée dans l'un des véhicules, les services de police remontent tout de même jusqu'au siège de la société Heat Kit à Paris où deux émetteurs-récepteurs ont été achetés par les casseurs au moyen d'un carnet de chèques volé lors d'un hold-up à Bruay-en-Artois le 7 juin 1979. La DCPJ (direction centrale de la police judiciaire) arrête, le 23 novembre, le nommé Dallo-Domingo. Il est porteur de papiers d'identité au nom de Torrequebrada-Nova José, né le 7 août 1951. De laborieuses vérifications permettent d'établir qu'il s'agit, à nouveau, d'une identité factice et qu'en réalité l'individu se révèle être De Miguel-Martin José, né le 27 juillet 1952 à Madrid. Membre d'un « groupe libertaire autonome de Madrid », il est recherché en Espagne pour une trentaine de vols à main armée.

Dans les semaines et les mois qui suivent, une demi-douzaine d'autres arrestations viennent asseoir la certitude des policiers : ils sont sur une très grosse affaire. Un membre du Gari (Groupe d'action révolutionnaire internationaliste) et ami de Jean-Marc Rouillan, avec lequel il avait déjà été interpellé en décembre 1974 alors qu'ils transportaient des armes et des explosifs, est arrêté. Le 5 décembre 1979, une nouvelle perquisition de l'OCRB (office central de répression du banditisme), à Paris, permet la découverte de 1 720 000 francs en billets, dont la majorité provient de Condé-sur-l'Escaut. Sont également saisis 150 faux cachets administratifs et un important matériel de faussaire.

Il faut patienter jusqu'au 28 mars 1980 pour que se confirme le caractère « internationaliste » du hold-up. Dans une villa du Var, au Brusc, sont arrêtés trois Italiens recherchés en vertu de mandats internationaux pour « assassinat », « vol à main armée » et, notamment, en 1978, l'enlèvement et l'assassinat d'Aldo Moro, le président du Conseil italien, une action revendiquée par les Brigades rouges. La perquisition permet de retrouver 18 billets de 100 francs, type Delacroix, série A2, provenant de Condé-sur-l'Escaut. Une quatrième interpellation permet d'apprendre qu'environ 200 000 francs ont été distraits de la retraite des mineurs du Nord par l'avant-garde du prolétariat pour l'acquisition d'un voilier.

Du sud de la France, les investigations remontent sur Paris, jusqu'au Jargon libre, une librairie anarchiste dont la gérante, en dépit d'un âge déjà assez avancé, est l'égérie de divers groupes terroristes de la capitale. En six mois, les investigations policières mettent en évidence, pour la première fois en France, l'importance des liens qui unissent diverses organisations terroristes espagnoles et italiennes à des groupes hexagonaux dits « anarchistes ». L'ensemble de ces découvertes indique qu'en reflux en RFA, en Italie et en Espagne, le terrorisme a choisi la France comme base de repli et terre d'asile. Déférés devant la Cour de Sûreté de l'État, les inculpés se murent dans le silence. Aucun ne revendique politiquement le hold-up de Condé. Les plus diserts se bornent à évoquer une mystérieuse « organisation », sans plus de précision. Ils déclarent lui avoir remis une partie du butin, soit entre 700 millions et 1 milliard de centimes.

Cette absence de revendication politique leur vaut, dans un premier temps, d'être écartés de l'amnistie de 1981. Pourtant, impossible n'étant pas français, au terme d'un extraordinaire tour de passe-passe juridique, tous les inculpés de Condé-sur-l'Escaut sont finalement amnistiés par le gouvernement socialiste. Le 15 septembre 1980, le quotidien *Libération*, qui connaît son sujet sur le bout des doigts, est formel et invite ses lecteurs à ne pas faire de confusion : les participants à l'opération de Condé « n'ont rien de commun » avec Action directe, insiste le spécialiste chargé de suivre ces questions. Douze mois plus tard, retrouvant soudain la mémoire, les braqueurs se souviennent que le hold-up était politique et clament leur appartenance à Action directe ! Jean-Marc Rouillan confirme. Une vaste campagne de presse, de *Libération* au *Monde* en passant bien sûr par *Le Matin de Paris*, appuie cette tardive revendication. Bonne fille, la Chancellerie n'y voit que du feu.

Naturellement, tout cela n'est pas gratuit. Même entre camarades. Rappelons que, sur 17 millions de francs, moins de 2 ont été récupérés par la police. Le solde tourne donc autour de 15 millions. Jean-Marc Rouillan, en vendant son label, pourra se constituer un trésor de guerre qui lui sera fort utile pour échapper aux recherches lorsqu'il plongera à nouveau dans la clandestinité. Il ne faut pas être naïf, Jean-Marc Rouillan n'est qu'un petit anarchiste, un demi-solde du terrorisme. Dangereux certes mais bien incapable de mener seul de pareilles tractations. D'autres poches se sont-elles emplies au passage ? On ne saurait l'exclure au regard des nombreuses fées qui se sont penchées sur le berceau d'Action directe.

La gendarmerie et le GIGN se sont intéressés très tôt à ce groupe. C'est assez naturel puisque l'un des premiers attentats revendiqués par Action directe avait pour objectif notre caserne de Maisons-Alfort, cantonnement du GIGN. Dès la mise en place de la cellule anti-terroriste à l'Élysée, Action directe constitue donc un objectif prioritaire du Gam, le Groupe d'action mixte. La veille de l'attentat de la rue des Rosiers contre le restaurant Goldenberg, Action directe avait revendiqué l'attentat à l'explosif contre un commerce de la rue Saint-Maur, à Paris, dont le propriétaire avait pour seul tort d'être juif. Commentant les événements de la rue des Rosiers dans les colonnes de *Libération*, Jean-Marc

Rouillan expliquait qu'il s'agissait là « d'une riposte tout à fait normale à la situation au Liban ». Ces provocations, comme les attentats contre les intérêts israéliens, conduisent le Conseil des ministres à prononcer la dissolution d'Action directe, le 18 août 1982. La décision est d'autant plus difficile à prendre qu'elle traduit l'échec de l'amnistie et de la politique du retour au bercail des « brebis égarées » de la grande famille socialiste.

Au cours de cette même année 1982, les principaux indicateurs des flics semblent frappés par une épidémie : ils meurent. En dépit des rivalités et des querelles, de nombreux policiers viennent nous voir à la cellule élyséenne car leur désir d'agir est le plus fort. Cette collaboration est quasiment clandestine.

Je me souviens de la visite, au 2 rue de l'Élysée, d'un fonctionnaire appartenant à l'un des services spécialisés de la lutte anti-terroriste. Sans aucun doute l'un des meilleurs. Histoire de me montrer que la sécurité du palais présidentiel laisse à désirer, il commence par déposer une grenade quadrillée sur mon bureau. Il a passé le contrôle en la mettant dans sa poche ! Ayant décliné sa qualité de policier et, de surcroît, ayant rendez-vous, sa démonstration n'était pas parfaite, mais c'était tout de même bien joué. Plus que la grenade, ce sont ses informations qui se révélaient explosives. Elles firent l'objet de plusieurs notes de Christian Prouteau au chef de l'État, mettant en évidence un réseau de financement du terrorisme aux ramifications internationales. À sa tête se trouvait une mystérieuse « Organisation », comme celle évoquée du bout des lèvres par les auteurs du hold-up de Condé-sur-l'Escaut. Je n'ai, curieusement, pas retrouvé dans les archives Prouteau l'intégralité de la documentation relative à cette affaire. De déménagement en déménagement, peut-être s'est-elle égarée. En date du 18 avril 1983 on trouve néanmoins une synthèse — imparfaite — qui permet d'appréhender les grandes lignes du dossier. Le style traduit l'enthousiasme de Prouteau.

Présidence de la République   *Le 18 avril 1983*
                                              N° 72/2

Le Conseiller Technique

NOTE

à l'attention de Monsieur le Président de la République

OBJET : Démantèlement d'un réseau de terrorisme international.

L'affaire Cerreda-Ramos débute il y a environ sept ans, lorsque ce dernier, poursuivi par la police espagnole à la suite de plusieurs hold-up, quitte son pays. Arrivé en France, il s'arrange pour rencontrer des personnes politiquement favorables à l'opposition au régime franquiste et se fait connaître comme opposant théoricien. Au niveau de cette lutte contre la droite espagnole, il est très lié à cette époque à Urtubia et Nekhorocheff, anarchistes militants, qui basculeront après le départ de Franco dans l'opposition basque. Cerreda-Ramos, usant d'une étiquette, réside en France, comme réfugié politique.

À l'époque où j'ai établi la fiche, sur laquelle j'attirais votre attention sur le financement du terrorisme international (17 décembre 1982), note jointe, aucun service de police ne porte attention à Cerreda-Ramos et son entourage. Pourtant, comme je l'explique dans cette note, de nombreux services ont eu, à plusieurs reprises, l'occasion de s'intéresser à lui, mais toujours pour des affaires dans lesquelles il n'apparaissait pas directement, affaires étant, en elles-mêmes, prises séparément, relativement mineures. Il s'est ainsi dessiné petit à petit, à travers les renseignements que nous recueillions, un réseau parfaitement organisé, dont Cerreda-Ramos semblait l'un des grands responsables. Ce réseau, grâce à un système très ingénieux, permettait d'assurer aux différents groupes terroristes européens, tels que l'ETA, les Grapo, les Gari, Action directe et le FPLP un financement important et régulier. Les différents services sensibilisés, à la suite de l'accord que vous m'aviez donné concernant la direction de ces enquêtes, ont regroupé l'ensemble des informations dont nous disposions sur ce problème et fait la preuve des éléments objectifs, permettant d'inculper Cerreda-Ramos et ses complices.

Ce travail a été relativement difficile, car chaque service n'ayant qu'une vision parcellaire de la dimension exacte de ce réseau, il était nécessaire d'effectuer en permanence une pression pour maintenir leur vigilance sur le sujet. Dès que la preuve formelle a pu être faite des relations entre Cerreda-Ramos et les autres membres de ce réseau et, avec votre accord, nous avons lancé les interpellations, sachant très bien toute la difficulté qu'il y a à faire la preuve de l'implication terroriste. Les actes judiciaires ont été essentiellement orientés sur le problème de l'escroquerie financière. Il est évident que l'aspect terroriste n'est pas laissé de côté et, parallèlement à l'enquête ouverte, les investigations sur ce sujet continuent, confirmant nos impressions. *On peut d'ores et déjà dire que la dimension de cette affaire dépasse largement le cadre de tout ce qui a été connu en la matière à ce jour*[1].

Nous sommes à peu près certains qu'en ce qui concerne l'Europe il y a actuellement trois directions pour le terrorisme, ayant chacune à leur tête leur spécialiste. C'est ainsi que l'on peut parler de Cerreda-Ramos comme le responsable financier, G... comme le responsable armement équipement, et Jim Kerr comme le responsable idéologique. Cerreda-Ramos réside en France. G... a été repéré en Belgique et Jim Kerr voyage entre ces deux pays et la Suisse. D'autres noms, connus par les spécialistes du terrorisme, apparaissent dans cet entourage évidemment,

---

1. Souligné par l'auteur.

mais il est difficile, même si nous avons la certitude de leurs liens étroits avec Cerreda-Ramos, de pouvoir les impliquer au plan judiciaire sur l'affaire qui nous concerne. Nous nous limitons donc actuellement au seul problème du financement. Urtubia-Jimenez, ancien prix de Rome, connu de tous les services européens comme un faussaire sans égal, poursuivi pour cette raison dans de nombreux pays dont l'Espagne, vit en France actuellement sous la protection de Mlle Rabanne, sœur du parfumeur bien connu, dont la sympathie pour l'ETA est notoire. Urtubia fabrique, depuis des années, des faux remarquables dans tous les domaines, documents administratifs, travellers, euro-chèques, passeports, etc. (la liste n'est pas exhaustive). Ces faux sont tels que même les spécialistes de certaines banques s'y trompent. S'agissant plus particulièrement des travellers-chèques, chaque fois qu'il était possible d'intercepter un membre de la bande de Cerreda-Ramos en train de les écouler, il apparaissait que ces chèques étaient volés. Il a été difficile de comprendre comment ils opéraient. En effet, ayant à leur disposition un faussaire tel qu'Urtubia, avec une organisation européenne pour ne pas dire mondiale, il était contradictoire qu'ils agissent en simples petits voleurs, tentant d'écouler de petites sommes tels 1 500 ou 2 000 francs. En réfléchissant sur ce problème et en interrogeant les banques, nous avons appris que le premier élément de contrôle s'effectuait sur les numéros de travellers présentés. De plus, nous avons vérifié que les ordinateurs des banques n'enregistraient pas le nombre de demandes effectuées sur une même série de travellers volés. De ce fait, jamais le bilan de paiement effectué pour une même série de travellers volés n'a été comptabilisé. Lorsqu'un complice de Cerreda-Ramos était pris « la main dans le sac », il n'apparaissait alors que comme un receleur, et les petites sommes qu'il négociait ne le mettaient en difficulté en général que peu de temps face à la justice. En reprenant l'affaire de près, nous avons pensé que les vols de travellers n'avaient pour but que de fournir au faussaire des modèles, effectuant à partir de ceux-ci de nombreux exemplaires, dont la qualité est remarquable. Grâce à un réseau très organisé d'écoulement, ils pouvaient ainsi, sans attirer l'attention, se permettre de négocier une très grande quantité de travellers. Chaque fois qu'il y avait un problème avec les banques, l'interrogation sur l'ordinateur ne donnait comme réponse que : traveller volé. Seule une comparaison technique poussée du papier et du graphisme du chèque pouvait permettre de déceler un faux. Or, cette vérification n'était jamais faite. D'après nos renseignements, pour donner un exemple, il n'y a au niveau de l'American Express qu'un seul spécialiste capable de prouver que ces émissions sont fausses et ce spécialiste est américain. À ce jour, l'affaire est entre les mains de la justice. Ayant sensibilisé de nombreux services sur le *modus operandi* de ce réseau, des nombreuses connexions avec d'autres escroqueries du même type ont pu être effectuées. Il faut remarquer en fait que le travail est gigantesque et que le bilan définitif ne pourra être obtenu au plan policier avant plusieurs mois. Un de nos informateurs, dont les dires ont été confirmés par un prévenu non directement lié à l'escroquerie, nous parle pour la France de 40 équipes de deux personnes, effectuant chacune environ 12 banques par jour, et négociant dans chacune d'elles entre 1 500 et 2 000 francs de faux travellers. Les interrogations, que nous avons faites au niveau des autres services de police européens, confirment que l'escroquerie s'étend à la Suisse, la Hollande, l'Allemagne, l'Autriche, la Belgique, l'Espagne, la Suède, l'Angleterre. Il est sûr qu'en allant encore plus loin, beaucoup d'autres pays sont sûrement touchés, puisque nous savons que des faux avaient été envoyés au FPLP au Liban.

Nous nous sommes attachés, au cours de l'animation de cette enquête, au plus grand secret, faisant apparaître, chaque fois que cela était possible, surtout l'escroquerie en premier. Tout le problème sur le terrorisme est maintenu à dessein en dehors de l'enquête judiciaire. Il est évident que nous avons eu affaire à de grands professionnels, habitués à travailler dans la clandestinité, et dont le comportement, s'il n'avait été mis en exergue par un travail policier difficile, ne permettrait pas de déterminer leur appartenance à un tel réseau. Il a été observé d'ailleurs, par les enquêteurs, un comportement où les précautions prises étaient telles que le temps, indispensable à éclairer certains gestes, était deux à trois fois plus long que dans une enquête traditionnelle. Ce n'est que petit à petit que le schéma de l'organisation a pu apparaître. Il y a à ce jour 18 arrestations effectuées, dont les principaux responsables du réseau. Les services compétents ont effectué pas moins d'une trentaine de perquisitions. Des contacts ont été pris avec tous les pays européens, dont certains demandent déjà l'extradition de certains inculpés. La sensibilisation des banques devrait nous permettre, sans en avoir la dimension exacte, de mieux mesurer l'importance de l'escroquerie. Un bilan financier sur un mois, retrouvé au domicile de Cerreda-Ramos, permet une évaluation approximative impressionnante (4 millions de francs par semaine en différentes devises pour la France). Les carnets d'adresses, saisis au cours des enquêtes, nous conduisent à effectuer des investigations sur environ 300 personnes, à la fois en France et à l'étranger. Les faux documents saisis concernent 12 pays différents pour une centaine de pièces ; différents services sont, il faut le reconnaître, pour le moment un peu dépassés. Nous pensons pouvoir maintenir leur vigilance, d'autant que le juge d'instruction désigné pour diriger cette enquête est tout à fait convaincu de l'importance de l'affaire. À titre indicatif, je vous ai joint quelques photocopies de documents saisis au cours des enquêtes.

Il est évident, compte tenu de la dimension de cette opération, que de nombreux coauteurs passeront à travers les mailles de l'enquête, les opérations les plus importantes n'ayant pu, pour des raisons strictement légales, être effectuées toutes en même temps. L'alerte a été vite donnée dans ce milieu. Ainsi Juan Arroya, le responsable de ce trafic pour l'Espagne, chef de l'ETA PM 8, bien qu'ayant été arrêté, a dû être relâché avant que nous ayons les éléments formels de sa culpabilité. Il est actuellement en fuite, alors que nous avons, malheureusement trop tard, tout ce qui est nécessaire pour obtenir son incarcération. Cependant, cette opération déstabilise, pour un moment, un réseau de financement permettant au terrorisme européen de disposer des fonds nécessaires à son action. La mise en place d'un nouveau réseau nécessitera de nombreuses années et il sera difficile, pour eux, qu'il soit, comme l'était celui de Cerreda-Ramos, commun à tous les différents groupes. C'est sans aucun doute possible l'aspect positif de cette opération.

En concluant sur cet « aspect positif », le patron de la cellule prenait ses désirs pour des réalités. Certes, la cellule, en puisant au plus profond des archives, avait permis de faire remonter un dossier considérable, riche de formidables perspectives et ce en quelques mois d'existence seulement, mais en définitive il n'y aura jamais d'enquête ou, plus exactement, celle-ci sera promptement enterrée. Nous allons voir dans quelles conditions les principaux responsables du réseau évoqué par Christian Prouteau attendriront les plus hauts magistrats du pays. Bientôt, au prétexte de l'affaire des Irlandais, le Groupe d'action mixte sera dissous et ceux qui eurent à connaître de ce dossier comprirent rapidement qu'ils avaient intérêt à se faire oublier, vérifiant l'adage : « On ne parle pas de corde dans la maison d'un pendu. »

Un sort inverse a été réservé aux principaux acteurs de ce réseau qui s'étaient fait prendre en flagrant délit. Dans des conditions hallucinantes, la justice a réalisé des prodiges pour éviter qu'ils soient jugés et sanctionnés. Sachant que les sommes en jeu portaient non pas sur des millions de francs, comme l'estimait alors Prouteau, mais sur des centaines de millions de dollars, voilà qui amène à se poser quelques questions.

Avant d'examiner en détail comment une « organisation » a pu faire plier en toute impunité le genou à l'une des plus grandes banques de la planète, il faut d'abord revenir sur les circonstances de l'amnistie des deux figures de proue d'Action directe. Opposé à Jacques Chirac dans un face-à-face fameux, lors de l'élection présidentielle de 1988, François Mitterrand affirmerait qu'il « n'avait jamais gracié de terroriste ».

Au lendemain du meurtre de l'ingénieur général Audran en 1985, soit à un stade très avancé de la saga d'Action directe, *Le Monde* consacre un large historique au groupe, un portrait de Jean-Marc Rouillan intitulé : « Un guerrier inguérissable », et une longue analyse d'Edwy Plenel constatant que cet assassinat marque — c'est le titre de son article — « La radicalisation d'Action directe ». C'est un point de vue. Ce n'est pas le mien. J'estime qu'en qualifiant de « réponse légitime » la tuerie de la rue des Rosiers et en frappant par des attentats à l'explosif des commerces juifs, le groupe Action directe avait déjà fait la preuve d'une « radicalité » certaine. « Joseph le rouge » contourne cette difficulté de la façon suivante : « Action directe a fait le saut. Jusqu'au vendredi 25 janvier, le groupe terroriste français dont l'acte de naissance avait été, en septembre 1979, signé par un attentat contre le siège du ministère du Travail[1] n'avait jamais froidement mis en œuvre l'assassinat d'un haut responsable de l'État. Le meurtre de deux policiers, avenue Trudaine, à Paris, le 31 mai 1983, reconnu par l'organisation en octobre 1984, était plutôt à mettre au compte de l'affolement de militants surpris par une ronde policière. Et l'assassinat d'un indicateur de police, début 1982, apparaissait comme un règlement de comptes. Cette fois, Action directe a basculé (...) »

---

1. En realité, c'est le 1er mai 1979 qu'Action directe revendique son premier attentat, avec le mitraillage du CNPF (*N.d.A.*).

Me livrant au même exercice, je pourrais surenchérir en écrivant : « Audran est le premier général de l'armée française assassiné de sang-froid à se prénommer René. » Le 27 mars 1984, en effet, le général de gendarmerie Guy Delfosse pénètre en uniforme dans un agence lyonnaise de la BNP tandis que quatre membres d'Action directe s'emploient à piller la banque. Surpris par cette apparition, Max Frérot se précipite vers lui, arme au poing.

— Tu es une huile, toi ? Tu es armé ?

— Moi on ne me tutoie pas ! répond le général, en ajoutant : Ne faites pas les imbéciles, votre hold-up est raté.

Calmement, l'officier tend la main en invitant Frérot à lui remettre son arme. Le tueur lui tire quatre balles dans la poitrine, puis une cinquième en pleine tête. Alors que Delfosse gît sur le sol, il jette à la cantonade : « Il n'avait qu'à pas faire le con, il ne lui serait rien arrivé. »

Ainsi, tantôt les terroristes sont « surpris » ou sujets à l'« affolement », tantôt ils s'adonnent à de bien anodins « règlements de comptes » sur un « indicateur de police ». Je ne cherche pas à tout prix à polémiquer avec Edwy Plenel, mais qu'on me permette de faire observer qu'au moment où il écrit ces lignes, Bernard Jégat, l'indicateur des Irlandais de Vincennes, s'affole lui aussi. Menacé de mort par ses ex-camarades, il se réfugie à la DST. Enfin, je ne crois pas que l'exécution de sang-froid du meilleur indicateur des Renseignements généraux au sein d'Action directe, le 13 mars 1982 peu avant 20 heures, devant sa femme et ses enfants, soit à ranger dans la catégorie subalterne des « règlements de comptes ».

Âgé de 50 ans, Gabriel Chahine, de nationalité libano-égyptienne, décline la profession d'artiste. Il est parvenu à obtenir en France le statut de réfugié politique en raison des sévices que cet opposant au régime aurait subis en Égypte mais aussi en échange des services qu'il accepte de fournir en continuant de fréquenter les milieux d'extrême gauche. C'est lui qui amorce la pompe d'une savante manipulation ourdie par la direction centrale des RG, pour faire tomber en 1980 le couple Rouillan-Ménigon. Le piège repose sur une idée simple : Ménigon et Rouillan, insaisissables depuis des mois, ne résisteront pas à la perspective d'une rencontre avec la star du terrorisme international, Carlos. Exploitant les origines égyptiennes de leur indic, les RG demandent à Chahine de placer l'appât. Carlos chercherait à recruter des Européens pour faire sauter le barrage d'Assouan afin de punir l'Égypte d'avoir signé un accord de paix avec Israël ! Une action généreusement indemnisée. Cette version, qui souligne l'importance des questions d'argent — dimension systématiquement occultée dans l'histoire du groupe —, est vigoureusement contestée par Rouillan.

L'indic n'est pas censé en savoir plus. Il a juste eu vent du projet et du recrutement lancé par Carlos. Le noyau dur d'Action directe est emballé. Rouillan presse l'artiste peintre de se renseigner, d'essayer d'en savoir plus, bref de le mettre en contact. Ce sont désormais Rouillan et Ménigon qui sont demandeurs. Chahine se décarcasse et finit par mettre Rouillan en relation avec les « diplomates » d'une ambassade arabe. Les RG mobilisent leurs fonctionnaires arabisants afin de leur faire jouer ce rôle d'intermédiaire. Rouillan, méfiant, envoie sa propre « ambassade » tâter le terrain. Après plusieurs rendez-vous reportés pour « raison de sécurité », Rouillan et Ménigon sont interpellés, le 13 septembre 1980, par les « diplomates », rue Pergolèse, dans le 16e arrondissement de Paris. C'est un joli coup qui manque toutefois de tourner à la bavure. Non formés à ce type d'intervention, les policiers des RG sont pris sous le feu de Nathalie Ménigon qui vide deux chargeurs,

131

16 balles de 11/43, sur les policiers avant d'être maîtrisée. Ce qui lui vaut, entre autres, d'être inculpée de tentative de meurtre sur fonctionnaire de police dans l'exercice de ses fonctions.

Chahine, la taupe, coule des jours paisibles. Sa participation à l'intoxication du couple a été suffisamment adroite pour ne pas éveiller les soupçons. Au terme de quelques mois de prison, Rouillan et Ménigon sont libérés, après le 10 mai 1981. Chahine ne se cache pas. Il vit au grand jour avec sa femme et ses deux enfants, continue de fréquenter le noyau dur d'Action directe. Immigré de fraîche date, il ne s'étonne pas d'apercevoir derrière son judas un fonctionnaire des postes sonner à l'heure du dîner. Une décharge de chevrotine lui arrache la tête. La taupe a été balancée.

Bientôt, ce sera au tour du commissaire des RG à l'origine de l'opération d'être châtié par le pouvoir socialiste. Toujours sur ordre du terroriste Rouillan ! Le « guerrier inguérissable », dont Laurent Greilsamer a dressé un portrait dans *Le Monde*, est, nous explique ce quotidien :

« Né à Toulouse, enfant du Sud-Ouest, rien ne le prédisposait à priori à cet itinéraire militaire. Rien sinon la proximité de l'Espagne, la fréquentation — à l'âge du bac — des milieux de réfugiés politiques et la fascination pour les opposants au général Franco. Alors, à son tour, Rouillan en fut. Il milita au sein du Mouvement de libération ibérique. Il eut son lot de sueurs froides et de vrais coups de feu. En 1973, accompagnés de Puig Antich, à Barcelone, ce fut la mauvaise rencontre avec les gardes civils sous un porche, la fusillade. Rouillan put s'échapper. Puig Antich, lui, fut arrêté.

L'histoire d'Action directe plonge ses racines en Espagne. Ces années sont celles de la "formation". Car à peine rescapé de cette fusillade à Barcelone, Rouillan regagne la

France. Pour lui et beaucoup d'autres, il n'y a plus qu'une raison de vivre et de combattre : obtenir la libération de Puig Antich. C'est ainsi que les Gari — ces Groupes d'action révolutionnaire internationaliste — se constituent en France, en Italie et en Belgique pour faire pression sur ces pays afin qu'ils interviennent auprès de Franco. Les Gari commettent de la sorte, en 1974, une série impressionnante d'attentats et de hold-up pour financer leur "campagne". Rien n'y fera. Puig Antich sera jugé, condamné à mort et garrotté en mars 1974. Rouillan, alias "Sebas", a perdu un ami et un combat. Mais d'autres prisonniers sont à sauver. »

Rouillan, à en croire la presse de gauche, est donc une sorte de Zorro, un Zorro malchanceux. Manquent quelques détails que le rédacteur omet de porter à la connaissance des lecteurs. C'est en braquant une banque que le groupe, dont Rouillan est une petite main, effectue cette « mauvaise rencontre » avec les gardes civils. On peut le déplorer, mais même sous la botte de Franco la garde civile s'oppose aux hold-up ! Le MIL (Mouvement ibérique de libération) écumait alors les banques et multipliait les attentats en Espagne. La lutte contre le franquisme n'était certainement pas absente de ses préoccupations, mais ce n'était pas en tentant d'arracher son ami aux mains du bourreau que Rouillan découvre, avec fascination, les délices du « financement politique ». C'est tellement vrai que ni la disparition de Franco ni le passage de la France « de l'ombre à la lumière » — pour reprendre l'extravagante formule de Jack Lang en mai 1981 — ne seront de nature à lui en faire passer le goût.

Un autre détail manque à l'information du lecteur du *Monde*. Au cours de cette mauvaise rencontre, un garde civil — peut-être un pauvre type sait-on jamais ? — a été tué. D'où la condamnation de Puig Antich à la peine capitale. Sans doute, en 1974, la peine de mort est-elle appliquée avec plus de rigueur chez Franco que de l'autre côté des Pyrénées, chez Giscard. Elle était effective dans les deux pays.

Je n'étais pas présent place de la Bastille le soir du 10 mai 1981. Cette soirée électorale risquant d'être animée, mes hommes du GIGN et moi étions d'alerte à domicile, prêts à toute éventualité. L'OCI, les trotskistes tendance Jospin, pouvait savourer sa victoire. Le « camarade Michel », secrètement infiltré au PS, devenait le patron du parti au pouvoir. L'ambiance est plus nuancée chez leurs rivaux de la LCR qui tentent de jouer les prolongations. Aux alentours d'une heure du matin, alors qu'éclate un violent orage, Alain Krivine invite ses partisans à planter un drapeau rouge au sommet de l'Arc de Triomphe, à l'aplomb du Soldat inconnu. Le slogan est intéressant : « Imposons des ministres communistes au gouvernement ! » De quoi nuancer le soi-disant « antistalinisme » de ses amis.

L'état de grâce ne dure que quelques semaines. L'amnistie réveille les passions. Dès la mi-août, Rouillan est libéré. L'élargissement de Nathalie Ménigon est plus compliqué, ce que rappelle *Le Monde* du 15 septembre 1981 : « La chambre d'accusation a refusé le même avantage à Nathalie Ménigon, militante d'Action directe en grève de la faim depuis le 31 août à l'hôpital de Fresnes. Nathalie Ménigon, le jour de son arrestation, en septembre 1980, avait tiré "un coup de feu" [*sic* !] sur un policier, ce qui est un cas d'exclusion de l'amnistie. » Ses avocats, Mes Leclerc et Mignard, se mobilisent. Henri Leclerc est le futur président de la Ligue des Droits de l'homme, Jean-Pierre Mignard l'un des principaux avocats du Parti socialiste pour le compte duquel il fut candidat dans... la Nièvre, le département de François Mitterrand. Ils partagent leur cabinet avec

Michel Laval, un des avocats du *Monde* et défenseur, quelques mois plus tard, de Stephen King, l'un des trois Irlandais. La libération de la terroriste leur sera accordée pour « raisons médicales » dès le mois de septembre. Ce fait du prince ne soulève pas l'enthousiasme dans les commissariats.

Les services spécialisés, n'ayant pas reçu l'ordre formel d'abandonner la lutte anti-terroriste, continuent de travailler. À l'automne 1981, invité de France Inter, Jean-Marc Rouillan ne fait pas mystère de son programme : « Nous voulons une société communiste (...) c'est-à-dire la destruction de la société capitaliste. (...) Pendant deux ans, nous avons lancé un processus de lutte armée en France. Pendant la période des élections, nous n'avons pas voulu jouer le rôle de provocateur. » Interrogé sur ses sources de financement, il précise :

« Les médias utilisent l'aspect spectaculaire des hold-up. Mais en fait, pour nous, les hold-up sont un moyen de fonctionnement. Ce qui nous intéresse, c'est l'action politique, c'est une action comme une autre.

— C'est du financement ?

— C'est du financement. »

Le chef d'Action directe déroule son programme sur les ondes du service public — hold-up et lutte armée — sans que personne ou presque ne s'en émeuve. Dans ce contexte, il est reçu au siège du PS pour négocier les conditions d'une poursuite éventuelle de la « trêve des attentats ». Sous l'autorité du Premier ministre Pierre Mauroy, qui n'a pas encore eu le temps de supprimer les écoutes téléphoniques comme Mitterrand en avait fait la promesse aux électeurs, le groupement interministériel de contrôle (GIC) continue d'intercepter les communications du Jargon libre, la librairie anarchiste d'Hélyette Bess. Celle que les euro-terroristes ont surnommé « la Mama » et les hommes de la section anti-terroriste « le cafard » vient de monter un Comité unitaire pour la libération des prisonniers politiques. L'influence du comité déborde largement le cercle des milieux extrémistes. On y relève la présence de plusieurs responsables du PS. Et pas des moindres ! Des députés, de futurs ministres de la République. L'un d'eux sera bientôt appelé à occuper le fauteuil de l'Intérieur. Tel autre, et c'est un détail qui ne manque pas de sel, sera rapporteur de la commission d'enquête sur le financement des partis politiques... Des intellectuels aussi : Simone de Beauvoir, une actrice de cinéma. En ce mois de septembre 1981, le Jargon libre est un des endroits les plus courus de la capitale. On y passe, le téléphone n'arrête pas de sonner. Objet de tant d'effervescence ? La libération des prisonniers politiques !

Diable, c'est à n'y rien comprendre. N'est-ce pas déjà fait ? Les membres d'Action directe n'ont-ils pas déjà été libérés au cours de l'été ? Erreur, le comité unitaire pour la libération des prisonniers politiques entend obtenir la libération de « tous les prisonniers politiques », y compris ceux qui avaient estimé plus prudent de ne pas se signaler comme tel. À l'automne 1981 la situation a en effet changé et les auteurs du hold-up de Condé-sur-l'Escaut se réclament subitement d'Action directe et de l'amnistie. Une grève de la faim vient alimenter cette nouvelle résolution. Une porte bien étroite dans laquelle il va leur falloir se glisser.

Action directe est née officiellement le 1er mai 1979 et le fric-frac a été réalisé en août, au terme d'une minutieuse préparation. Mais qui s'attache à d'aussi mesquins détails ? Pas la justice qui, bonne fille, accepte de n'y voir que du feu. Qu'importe le flacon pourvu qu'on ait l'ivresse...

Tant d'agitation autour du Jargon libre n'échappe pas à la sagacité des services spécialisés et en particulier à la section anti-terroriste des Renseignements généraux de la préfecture de police de Paris. Amnistie ou pas, les policiers n'ont jamais cessé leur surveillance de la mouvance. Nargués par les provocations radiodiffusées de Rouillan sur les hold-up, les hommes de l'anti-terrorisme sont persuadés qu'Action directe ne va pas tarder à reprendre du service. Un service actif. Bien sûr, ils ne sont pas dupes de la mascarade judiciaire qui est en passe de se mettre en place autour des gangsters de Condé. Nul, parmi les spécialistes de ce dossier, ne songerait d'ailleurs à contester le caractère politique de ce hold-up. Sachant qu'environ 15 millions de francs du butin courent dans la nature, les plus mauvais esprits s'attachent à suivre avec intérêt l'intense opération de lobbying qui s'organise autour du Jargon libre, quartier général reconstitué du groupe terroriste.

Fin septembre, une grande conférence de presse est organisée. Elle va faire un tabac. Jean-Pierre Worms, député socialiste, a fait annuler ses rendez-vous pour y assister. Pierre Joxe, qui suit l'affaire depuis le début, a fait demander le « mémoire ». Les « nouvelles » relations d'Action directe n'ont pas dissuadé les RG de maintenir une surveillance quasi permanente de la librairie anarchiste. Celle-ci (sans surprise) est rapidement détectée mais cela ne trouble guère les visiteurs.

— Il y a du monde devant la porte, prévient la gérante du Jargon libre à l'un de ses correspondants qui annonce sa prochaine visite.

— Ça ne me gêne pas, répond ce dernier qui, en revanche, s'inquiète « plus » en apprenant qu'un journaliste de *France-Soir* traîne également ses guêtres dans les parages.

Nous ne sommes plus sous Giscard et nombre des « clients » du Jargon, s'ils redoutent encore un peu la « publicité » journalistique, ignorent superbement la présence policière. N'en sont-ils pas désormais les patrons ?

Plus malins qu'ils n'en ont l'air, les RG ont assorti cette surveillance bien détectable de toute une série de « bretelles » qui, elles, le sont beaucoup moins. Ils écoutent, la librairie, bien sûr, mais aussi les proches de Rouillan, sa famille, ses avocats toulousains, parisiens, ceux qui l'hébergent... L'ensemble forme ce que quelques initiés appellent le dossier *Mirandole*, soit une cinquantaine de feuillets frappés de la mention « source secrète », sur lesquels sont pieusement retranscrites les tractations entre Rouillan et le Parti socialiste.

J'ai découvert et récupéré le dossier *Mirandole* lors de mon séjour à l'Élysée, alors que je m'efforçais d'obtenir la reddition de Rouillan. Pendant plusieurs semaines, *Mirandole* n'a pas quitté ma table de chevet. C'est ce qui explique qu'aujourd'hui encore j'en conserve un souvenir si précis. Archiver cette juteuse moisson d'écoutes téléphoniques ne m'aurait d'ailleurs été d'aucune utilité. Une récente jurisprudence de la Cour de cassation interdit désormais leur reproduction sous peine de graves sanctions. Le souci du législateur est, nous dit-on, de protéger l'« intimité de la vie privée » de ceux qui en ont été victimes. C'est une intention parfaitement louable. Sauf que l'intimité des citoyens a parfois le dos large. Telle qu'elle est ficelée aujourd'hui, la loi interdit purement et simplement de révéler l'existence d'écoutes téléphoniques. Si elle avait été en application en 1993, les Français n'auraient pas pu être informés du scandale des écoutes de l'Élysée ! Au nom des grands principes se réalisent bien des petites magouilles.

Lorsque furent saisies, en 1997 dans un garage, les archives élyséennes de Christian Prouteau, j'ai un bref instant caressé l'espoir que l'on y saisirait le dossier *Mirandole*. L'avantage aurait été conséquent. Saisi par la justice, ce dossier, je le pense, aurait été assuré d'une certaine popularité. La violation du secret de l'instruction étant tout de même moins sévèrement réprimée que celle du secret Défense. Mais le dossier *Mirandole*, trop sensible, n'est manifestement pas de ceux que l'on abandonne dans un garage, même fermé à clé et loué sous un faux nom.

Secret Défense les négociations entre un criminel et le parti au pouvoir ? Oui et c'est même un épisode curieux que je n'ai jamais eu l'opportunité de démêler. La situation, en cet automne 1981, est en effet paradoxale. Tandis que nombre de chevau-(encore) légers du Parti socialiste assaillent la ligne du Jargon libre, mes amis de la section anti-terroriste des RG procède à des « interceptions de sécurité ». C'est donc sous l'autorité — consciente ou non — de Pierre Mauroy que les flics des RG vont se régaler des tractations secrètes entre Action directe et le Parti socialiste. Le même Mauroy qui, quelques semaines plus tard, prononcera une harangue destinée à faire date compte tenu de ce que le futur réserve : « C'est un hommage au gouvernement d'avoir supprimé les écoutes téléphoniques et, sur ce point-là, de n'avoir pas fait ce qu'avaient fait ses prédécesseurs. Voilà la réalité ! »

Le père de Jean-Marc Rouillan habite Toulouse. Fonctionnaire de l'Éducation nationale, c'est un vieux militant socialiste, proche d'Alain Savary, ministre du gouvernement Mauroy. Les liens entre les deux hommes remonteraient à la Résistance. Alain Savary est élu de la Haute-Garonne, le département qui accueillera, quelques années plus tard, à l'heure du reflux, Lionel Jospin. Rouillan père est extrêmement inquiet — qui ne le serait pas ? — du chemin sur lequel s'est engagé son fils après l'amnistie. Il l'exhorte donc à ne pas multiplier les provocations et à ne pas fournir lui-même « le fouet pour vous faire battre ». Jean-Marc ne veut rien entendre, et surtout ne rien lâcher tant que les auteurs du hold-up de Condé-sur-l'Escaut sont en prison. Grâce à son père, Rouillan et d'autres membres d'Action directe sont reçus rue de Solférino, au siège du PS. L'homme chargé de la liaison se nomme Thierry Lajoie. C'est un responsable de second rang mais le contact, lui, a été initié bien plus haut. Par qui ? Je l'ignore. C'est le genre de précision qu'on ne donne pas au téléphone. De mémoire et parce que cela m'avait frappé, je me souviens de l'expression employée par le père de Rouillan — excédé par la désinvolture de son fils — pour évoquer la qualité du personnage qui a chaperonné ces discussions : « Mais enfin, tu ne te rends pas compte d'où cela vient ! » J'en avais déduit que le personnage ne pouvait être que de tout premier plan. S'il s'était agi d'Alain Savary, un familier de l'univers des Rouillan, je ne pense pas que la mise en garde paternelle se fût exprimée de cette façon. Manifestement, il s'agissait de quelqu'un de plus important que le ministre de l'Éducation nationale de l'époque.

Sur quoi portent les négociations entre les leaders d'Action directe et la direction du PS ? L'amnistie pour l'équipe des braqueurs de Condé certes, mais plus encore. Au risque d'étonner, il y est parfois question de l'affectation des fonctionnaires de police en charge de la lutte antiterroriste et, en particulier, de celle du commissaire, responsable de l'arrestation de Rouillan et Ménigon quelques mois plus tôt.

La crise éclate au mois de décembre 1981. Pour en saisir l'objet, il convient d'en préciser le cadre. Une caserne à Foix, dans l'Ariège, non loin donc des bases toulousaines d'Action directe, a été investie par un groupe d'hommes armés et son armurerie dévalisée. Le caractère exceptionnel de cette opération commando connaît un fort retentissement. Dans toutes les casernes de France, des mesures exceptionnelles de sécurité sont prises pour renforcer la sécurité autour des armureries. Dans un premier temps, la piste terroriste semble retenir la faveur des enquêteurs. Celle d'Action directe est rapidement évoquée par la presse. Pour Rouillan et ses proches, cette mise en cause — de fait infondée — relève purement et simplement de la manipulation policière. Un thème à l'origine de nombreuses conversations téléphoniques entre le chef d'Action directe, ses avocats, son père... Toutes, bien sûr, interceptées par les Renseignements généraux. Rouillan est notamment défendu par un couple d'avocats, Marie-Christine et Christian Etelin, qui seront candidats en 2001 sur la fameuse liste des Motivés lors des élections municipales à Toulouse, liste soutenue, je le relève, par la Ligue communiste révolutionnaire.

La riposte aux « provocations policières » s'organise. Une rencontre au sommet entre Rouillan, Serge July et le journaliste Gilles Millet aboutit à la publication d'un communiqué dans *Libération*. Le couple Etelin est partisan d'un procès en diffamation, d'une conférence de presse, mais Rouillan, qui vit dans une semi-clandestinité, s'oppose à cette proposition car, explique-t-il, « je ne veux pas finir comme Goldman en me montrant partout ». D'autres pointures du barreau sont appelées à la rescousse. Me Henri Leclerc principalement, mais aussi Roland Dumas. Ce n'est pas l'« avocat » mais le « politique » que Rouillan doit rencontrer. Il est en effet furieux contre le gouvernement qui laisse sa police agir « contre nous ». Où va-t-on en effet ?

Bientôt, toutes les relations socialistes d'Action directe sont priées de s'associer à la contre-offensive des « communistes combattants ». Rouillan père a l'intention de faire poser une question écrite par un parlementaire. Selon ce qu'on m'a dit, ce n'est pas la première fois qu'il use du procédé. Déjà, dans les années 70, à l'occasion d'ennuis, deux députés socialistes seraient intervenus à l'Assemblée nationale en faveur du fiston. Parmi eux, encore un futur ministre de l'Intérieur...

Une véritable cellule de lutte contre les hommes de l'antiterrorisme se met en place. Il est question de coincer des flics de la BRB (brigade de répression du banditisme) ou de la BRI (brigade de recherche et d'intervention) en les impliquant dans des « histoires de braquages » ! Voilà une démarche qui ne manque pas de piquant lorsqu'on songe qu'Action directe se « finance » en braquant les banques. Bref, le ton est à l'indignation face à l'outrecuidance de cette police si peu « révolutionnaire ». Dans une envolée Jean-Marc Rouillan fait part de sa détermination à réclamer... un port d'arme. Prend-il ses désirs pour des réalités ? Pas du tout. Il va obtenir bien plus que cela.

En attendant, nouvelle déconvenue : l'imprimerie 34, bastion toulousain des anarchistes révolutionnaires, dont nous aurons l'occasion de découvrir à quel point les travaux qui y sont réalisés sont vitaux, a fait l'objet d'une perquisition. Un énigmatique échange permet de comprendre que la fouille n'a pas été menée à fond : « J'irai reprendre ce que j'ai dit aujourd'hui. »

Si les RG disposent de leurs « grandes oreilles », Action directe a les siennes, dans la presse. Un certain nombre de journalistes « sûrs » sont mis à contribution, qu'il s'agisse de rétablir la « vérité » ou de fournir des informations. Parmi les « sûrs », une vedette du petit écran et du service public dont j'ai noté avec intérêt qu'elle avait été brutalement soustraite aux feux de la rampe dès l'ouverture des premières hostilités — sérieuses — entre le président de la République et Lionel Jospin. Mieux vaut en effet prévenir que guérir...

Aux tout premiers jours de décembre 1981, une information recueillie par *Paris-Match* et *Le Matin* aurait permis d'identifier le flic ayant mis injustement en cause Action directe dans l'affaire de Foix. Antenne 2 est prêt à faire un reportage. Dans cette perspective, l'un des correspondants de Rouillan lui conseille de faire attention à ce qu'il va dire et, notamment, de ne pas commettre l'erreur d'annoncer qu'Action directe va « assassiner tout le monde ». Précieuse recommandation à laquelle la figure de proue du terrorisme français objecte qu'il n'a jamais dit qu'il allait assassiner tout le monde mais « seulement certaines personnes ». Surtout, il ajoute cette phrase restée à jamais gravée dans ma mémoire : « Je te signale qu'il y a certains mecs du pouvoir qui ont été informés avant... des gens importants ! »

Est-ce de cela dont on débat rue de Solférino ? À mon avis non. Seuls sont réglés au siège du PS les problèmes d'intendance. Les discussions importantes, avec les gens importants, se déroulent très certainement dans des lieux plus discrets. Ce que j'observe, c'est que, moins d'un trimestre après avoir bénéficié d'une amnistie ô combien généreuse, les gens d'Action directe ont fait savoir à « certains mecs du pouvoir », « à des gens importants », qu'ils allaient tuer. La suite des événements montrera qu'ils étaient de parole. Or, bien que disposant, via le GIC, de ces informations, les « mecs du pouvoir » n'en ont pas moins continué à soutenir la cause des « militants » d'Action directe contre la police.

La véritable obsession d'Action directe et de ses nombreux amis est l'homme des RG qui les a fait tomber en 1980 dans un traquenard habilement monté : le rendez-vous avec Carlos pour faire sauter le barrage d'Assouan. Je ne voudrais pas trop m'aventurer sur un terrain qui n'est pas ma spécialité — la psychologie —, mais il me semble qu'il y a une blessure d'amour-propre que le « pitchoun » n'a jamais digérée. Vingt ans plus tard, l'épisode de la rue Pergolèse n'est toujours pas passé et dans son interview à Karl Zéro il réagit violemment : « Quant à l'histoire du barrage d'Assouan, elle est venue bien plus tard avec les élucubrations d'une équipe des RG, dont le principal fait d'armes fut l'exécution sommaire du pasteur Doucé. »

Toujours le diable se niche dans les détails. Le commissaire n'a rien à voir avec l'affaire du pasteur Doucé et ceci pour la bonne raison qu'il avait, à l'époque, quitté les RG pour la DST avant de rejoindre ensuite la DGSE. En revanche, le patron des RG parisiens en 1990, lors de la disparition du pasteur maître chanteur-pédophile — soulevé au nez et à la barbe des RG par une mystérieuse équipe de « policiers » — est Claude Bardon. Si la responsabilité du fonctionnaire ne sera jamais sérieusement mise en cause dans le cadre de cette affaire autrement que de manière polémique, elle est, en revanche, patente dans l'arrestation de Rouillan et compagnie en 1987 ! C'est ce qui s'appelle faire en quelques phrases deux coups : l'indice qu'en dépit des années, Jean-Marc Rouillan a conservé intactes sa rancune et une certaine vivacité d'esprit, ce dont s'étonnent toujours ceux qui ont été amenés à le rencontrer.

Dès 1981, le chef de file d'Action directe réclame donc la tête du commissaire. Il insiste auprès de son père qui tente de le calmer. « Je veux le voir muter en Guyane ! » insiste l'amnistié.

Rouillan a réclamé Cayenne, où jadis on expédiait les forçats. Le commissaire se retrouve à la Martinique, une terre de mission du groupe terroriste où le fonctionnaire est muté sans préavis. C'est, à ma connaissance, un cas unique de mutation par un responsable terroriste d'un des responsables de la lutte antiterroriste. Ainsi allait la France sous François Mitterrand. Et certains paraissent s'étonner qu'en découvrant, très progressivement, cette situation, j'aie coupé les ponts avec ce pouvoir.

Naturellement, personne parmi les gens informés n'ignore l'origine de cette affectation. Le ministère de l'Intérieur, même socialiste, reste le ministère de la police. L'affectation du policier à Fort-de-France, si elle paraît obéir à l'oukase, recèle aussi sa part de malice et de résistance. À la Martinique, Action directe cultive son petit réseau mais également de solides inimitiés. C'est ce qui ressort d'une note sobrement intitulée « Problème antillais » établie, quelques années plus tard en 1986, à l'attention du président Mitterrand et mettant incidemment en cause la vie privée d'une personnalité socialiste du Sud-Ouest.

Présidence de la République   *Le 2 décembre 1986*
                                       N° 157/2

Le Conseiller Technique

NOTE

à l'attention de Monsieur le Président de la République

OBJET : Action directe. Problème antillais.

De source sûre, nous avons appris qu'Action directe a envoyé récemment en Martinique plusieurs militants, afin de créer une extension de leur groupe, appelé Action Martinique.
Une action importante est envisagée par Action directe. Il l'agit de l'assassinat d'un architecte, qui se nomme Alie, ami de Jack Berthelot, ancien leader de l'UPLG, lui-même proche de Jack Lang. (…)

Christian Prouteau

Ce projet d'assassinat n'a, par chance, pu être mené à terme puisque les tueurs ont été interceptés à Vitry-aux-Loges. Des mesures avaient-elles été prises pour prévenir et protéger cet architecte ? Je n'en sais rien. Une chose est sûre : fin 1981, alors que se déroulent d'intenses tractations entre Action directe et le Parti socialiste, personne n'a la délicatesse d'informer la « taupe » infiltrée au sein de la mouvance terroriste qu'elle a été balancée. Gabriel Chahine n'a plus que quelques semaines à vivre.

Chapitre 8

Les liaisons dangereuses
de Lionel Jospin

En ce printemps 1981, Lionel Jospin n'est pas encore un « héritier rebelle », mais c'est déjà un homme politique de premier plan. Quelques mois avant le 10 mai, François Mitterrand, en se portant candidat à la présidence de la République, lui a abandonné les fonctions de premier secrétaire du PS. Jospin est-il informé des entretiens, visites, tractations qui se déroulent au siège de son parti avec les responsables du groupe terroriste ? Rien ne permet de l'affirmer.

Nous savons aujourd'hui que Jospin est un homme secret, capable de faire silence pendant des décennies sur certains épisodes de sa vie et même parfois de mentir. En 1981, tout en dirigeant le Parti socialiste, il appartient secrètement à l'Organisation communiste internationaliste, formation à laquelle il continue de rendre des comptes lors de rendez-vous secrets au cours desquels il est « débriefé » par son traitant.

Ce qui est sûr, c'est qu'Action directe se manifeste auprès de Jospin. Souvent de façon spectaculaire. Le lendemain même de la libération de Jean-Marc Rouillan, au mois d'août 1981, Action directe revendique le vol de la voiture du premier secrétaire du PS, une modeste Renault 14 stationnée dans un garage proche du domicile de Lionel Jospin. Elle lui est restituée

147

dans des circonstances tapageuses qui nécessitent l'intervention des services de déminage. Abandonnée au milieu de l'avenue René-Coty, la R 14 est soi-disant bourrée d'explosifs. Ce qui se révélera inexact. Cette opération de « propagande armée » est revendiquée par Action directe dans un communiqué publié par *Libération.* Le groupe remercie « le camarade Jospin de [lui] avoir gracieusement prêté sa voiture après une longue nuit de discussion ». Une « mauvaise plaisanterie », commente la presse. Celle-ci donne tout de même lieu à l'ouverture d'une enquête approfondie. Je n'en connais pas les conclusions.

Une chose m'étonne : la mauvaise tenue des archives des grands journaux. Vingt ans après ce vol, le 13 juin 2001, *Le Canard enchaîné,* pour illustrer la bagarre entre les « cabinets noirs » de l'Élysée et de Matignon sur le passé de Jospin, revient sur cet épisode. Mais c'est pour fouetter le patron des RG, Yves Bertrand, soupçonné de rouler pour Chirac parce qu'il aurait rappelé, je cite, « à des journalistes le vol de la R 14 de Jospin, dans laquelle fut retrouvé un message attribué aux terroristes d'Action directe ». Pourquoi « attribué » ? Et par qui ? Étrange réserve autour d'un « attentat pacifique » dont il ne fait pourtant aucun doute qu'il a été revendiqué par Action directe. Je sais que *Le Canard enchaîné* et ses rédacteurs vivent chichement, mais l'acquisition d'une collection de *Libération* ne me paraît pas devoir mettre en péril financier l'hebdomadaire.

Quelques semaines après cet article, le mensuel de Karl Zéro, outre l'interview de Rouillan, première du genre, publie une longue enquête sur les rapports entre Jospin et Action directe. *Le Vrai Papier Journal* s'étonne que, suivant la chronologie fournie par Action directe, l'emprunt de la R 14 ait eu lieu le 8 juillet au matin, que la voiture ait été récupérée le 6 août, mais que dans cet intervalle d'un mois, aucune plainte pour vol n'ait

148

été déposée. Si, en livrant tous ces détails, le communiqué diffusé par Action directe s'applique manifestement à « mouiller » le premier secrétaire du PS, l'embarras n'est pas moindre au sein des services spécialisés chargés d'élucider un délit dont la qualification pénale reste à préciser. Saisie du dossier, la brigade criminelle rafle promptement les principaux membres d'Action directe. Avec d'autant moins de difficulté que leur chef, Rouillan, semble animé du désir de témoigner. L'audition, explique Éric Merlen du *Vrai Papier Journal*, va principalement porter sur une « vieille » histoire de clés. Lors de son arrestation en septembre 1980, à l'occasion du rendez-vous avec Carlos, Rouillan avait été trouvé en possession d'un trousseau de clés. L'une d'elles est une clé plate gravée EREBI GA4S. Curieusement, assure Merlen, la présence de cette clé ne figure pas au procès-verbal d'audition de Rouillan, rédigé à l'époque. C'est cette clé qu'un an plus tard Jean-Marc Rouillan prend le parti de faire réapparaître, poursuit le journaliste, par le biais de déclarations qualifiées de « surprenantes » et qui feront l'objet d'une simple « note », laquelle ne sera pas transmise au juge. Qu'aurait déclaré Rouillan ? « "Cette clé est celle de la R 14 de Jospin. On a sa voiture et avec ce qu'elle contient, on le tient." Le véhicule serait dans leurs mains depuis mi-80 et des documents auraient été volés dans le coffre le 8 juillet. La clé saisie en septembre 80 serait celle de la R 14. Vérité ? Provoc ? (…) Ont-ils fouillé la voiture et trouvé des documents permettant de faire pression sur Lionel Jospin ? Ils le disent devant les limiers de la crime, sans apporter de preuves. Les RG ont cru qu'ils préparaient un attentat contre le responsable socialiste. Selon un ancien d'Action directe, Jospin aurait tout simplement prêté sa voiture. »

Cette dernière affirmation est rapidement démentie par la plainte pour vol que dépose finalement le responsable socialiste. L'affaire — indéchiffrable — est enterrée. Ce n'est pas le moins intéressant. À quel titre, en effet, ce délit, tapageusement revendiqué, assorti de la mobilisation des services de déminage, a-t-il été classé sans suite ?

Le 2 décembre 1981, le jour même où Jean-Marc Rouillan réclamait une nouvelle affectation pour le commissaire des RG, Action directe décide de squatter un immeuble inoccupé rue des Poissonniers, dans le 18e arrondissement de Paris, l'un des terrains privilégiés de l'affrontement droite-gauche. Les campagnes électorales y sont particulièrement animées et maints destins politiques s'y sont joués : Roger Chinaud, Alain Juppé, Jean-Louis Debré et plus récemment Philippe Séguin, à droite, Bertrand Delanoë, Claude Estier, Daniel Vaillant et Lionel Jospin à gauche. Les victoires électorales y sont fragiles et il n'est pas aisé de s'y bâtir un fief. En 1986, à l'heure du reflux socialiste, Lionel Jospin préférera émigrer vers d'autres cieux, du côté de Toulouse, à Cintegabelle.

L'installation illégale de Jean-Marc Rouillan, Nathalie Ménigon et quelques autres vedettes de l'action révolutionnaire donne rapidement lieu à une série de graves incidents. Le 6 décembre, la police se résout à intervenir... sur la pointe des pieds. Un modeste gardien de la paix est dépêché par le commissaire d'arrondissement sur le front du squat « ouvrier et paysan », ainsi que le signale la banderole aux armes d'Action directe qui flotte sur l'immeuble réquisitionné. Une simple visite de courtoisie. Le rapport du gardien de la paix est éloquent.

« Rendu sur les lieux en compagnie du chef de car, je me suis trouvé en présence d'une dizaine de personnes. La porte d'entrée de l'immeuble était fermée à l'aide d'une chaîne cadenassée. Les occupants nous ont invités à pénétrer à l'intérieur de l'immeuble afin de faire remarquer qu'ils n'avaient pas occasionné de dégâts. Ils nous ont déclaré : "Nous sommes une vingtaine de squatters à occuper l'immeuble. Depuis quatre jours. Le député, M. Jospin, est au courant des faits. À notre arrivée la porte de l'immeuble était ouverte, nous avons installé une serrure. Il n'y avait pas de meubles. D'autre part, on compte monter une association des ouvriers et paysans du 18ᵉ arrondissement." »

Le secrétaire de cette association n'est autre que Jean-Marc Rouillan. Le squat devient un repaire où s'exercent mille trafics : armes, drogues, faux papiers... La faune, chaque jour plus nombreuse, qu'il draine pose quelques problèmes aux riverains.

Un mois à peine après s'être installés, le 17 janvier 1982, les partisans d'Action directe s'opposent, dans une furieuse bataille rangée, à d'autres squatters pour s'assurer la maîtrise du territoire. L'intervention de la police pour séparer les belligérants tourne à l'émeute. Attaqués à coups de barres de fer et de cocktails Molotov, les policiers comptent de nombreux blessés dans leurs rangs. Le quartier est bouclé et un imposant dispositif est mis en place sous la direction de l'officier de paix principal Marietti, un nom qu'il convient de garder quelques minutes en mémoire. Il s'agit de boucler un immeuble, rue de la Charbonnière, dans lequel se sont réfugiés les émeutiers. Alors qu'une vaste opération de police judiciaire se prépare pour investir les lieux, interpeller les émeutiers et récupérer l'arsenal entreposé dans le squat, à 23 h 55 coup de théâtre : l'ordre tombe de lever le dispositif. La décision, venue de très haut, permet aux membres d'Action directe de s'enfuir et d'éviter les conséquences, tant judiciaires que politiques, de leur arrestation. Il s'écoulera une quinzaine d'heures entre la levée du dispositif et le moment où les services de police sont enfin autorisés à perquisitionner les n°s 12 et 14 de la rue de la Charbonnière.

Cette décision du pouvoir politique sème la consternation au sein des forces de police. À tel point que l'ordre de lever le dispositif est appliqué... avec modération. Dès lors, un grain de sable vient enrayer la mécanique. Quelques minutes avant que n'interviennent la police judiciaire et la section antiterroriste, Rouillan, Ménigon et d'autres ont l'intuition que c'est le moment de s'éclipser de l'immeuble par les toits. Repérés, ils sont interceptés, au hasard ou presque, par une patrouille de police alors qu'ils s'apprêtent à franchir les limites du 18ᵉ arrondissement. Identifiés comme ayant participé aux émeutes de la veille, Rouillan et Ménigon sont placés en garde à vue. Si Rouillan nie, sa compagne reconnaît sa participation. Comme elle est toujours, en dépit de sa grâce médicale, poursuivie officiellement pour tentative de meurtre contre des fonctionnaires de police, son interpellation dans le cadre de violences qui ont entraîné l'hospitalisation de six policiers échappe à la simple « main courante ». Elle ne peut, décemment, éviter une présentation au parquet. C'est bien là que le bât blesse. En haut lieu, décision est prise d'obtenir la libération du couple Rouillan-Ménigon avant que ne soit commis l'irréparable. Comme l'indique l'une des nombreuses procédures engagées à la suite de cette affaire, « bien que des charges très lourdes pesaient à l'encontre de Ménigon et de Rouillan, les sus-nommés furent relâchés dans l'après-midi du 19 janvier 1982 sur instruction du parquet de Paris. Il est à préciser qu'une haute personnalité — élue du 18ᵉ arrondissement — s'était rendue dans la matinée du 19 janvier 1982 au commissariat de PJ du quartier Chapelle-Goutte-d'Or pour, suivant la formule consacrée, "prendre des nouvelles de cette affaire" ». Et d'en conclure « que ce qui précède démontre d'une manière indubitable que Ménigon et Rouillan ont bénéficié d'une protection car ils auraient dû, en toute logique, être déférés au parquet à l'issue de leur interrogatoire ». Quelques mois plus tard, *Le Figaro* du 18 août apporte des précisions sur cette garde à vue : « La scène se passe dans un commissariat de la Goutte-d'Or. Rouillan, très sûr de lui, montre au commissaire une importante somme d'argent : "Je ne suis pas un vagabond. Relâchez-moi vite, j'ai des amis politiques dans le nouveau parti au pouvoir." Intimidé, le fonctionnaire de police lui laisse la disposition du téléphone. Une heure après, un procureur embarrassé demande au commissaire de bien vouloir "élargir le suspect"... »

Fallait-il que le jeu en vaille la chandelle pour qu'une « éminente personnalité » se précipite, sitôt connue l'arrestation des terroristes, pour prendre de leurs « nouvelles », au risque de se mettre à dos les flics de son propre arrondissement, la police parisienne ? Qui est cet élu ? La pudeur administrative interdit de coucher sur procès-verbal le patronyme de « l'éminente personnalité et député de l'arrondissement » passée à la fraîche prendre des « nouvelles » des « communistes combattants ». Son identité relève donc, à ce jour, du mystère. La seule chose que l'on puisse affirmer, c'est que ni Claude Estier, ni Bertrand Delanoë, ni Lionel Jospin ne se sont vantés d'être celui qui est passé au commissariat de la Goutte-d'Or. Tout juste sait-on que le député Lionel Jospin, élu de la circonscription, s'est fendu, au lendemain de ces événements, d'une lettre à l'officier de paix principal Marietti, responsable du bouclage du squat « ouvrier et paysan ».

Je manquerai au devoir d'objectivité en omettant de signaler les sanctions qui furent prises à la suite de cette bataille rangée opposant les forces de l'ordre aux guérilleros urbains d'Action directe. Loin d'être négligeables, elles ont pesé sur la carrière, jusqu'alors bien engagée, de l'officier de paix principal Marietti. *Le Monde*, source indiscutable n'est-ce pas ?, révèle sa brutale sortie de route au détour d'un très singulier article en date du 21 août 1982. Huit mois ont passé et le climat s'est singulièrement alourdi. Le 9 août, les tueurs de la rue des Rosiers sont passés à l'action, arrosant, à l'heure du déjeuner, les passants à coups de pistolets-mitrailleurs. L'organisation de Jean-Marc Rouillan a revendiqué, pour sa part, le mitraillage de la voiture d'un membre de la mission diplomatique israélienne le 1er août, ainsi qu'une série d'attentats contre les « intérêts israéliens » : 17 perpétrés entre le 20 juillet et le 20 août 1982. Il faut tout de même patienter jusqu'au mercredi 18 août pour que le gouvernement se résigne à dissoudre Action directe, donc à couper les ponts et à effacer les traces les plus visibles d'une certaine « cohabitation ».

Le 17 août, François Mitterrand a été contraint de monter personnellement au créneau en s'adressant aux Français à la télévision. Il annonce la nomination de Joseph Franceschi comme secrétaire d'État à la Sécurité publique et la mise en place de la « mission de coordination de lutte anti-terroriste » confiée à Prouteau et au GIGN, annonce qui résonne comme un formidable désaveu de l'action de la police. C'est à la première sortie publique de Joseph Franceschi que nous convie *Le Monde* du 21 août. Elle a pour cadre une routinière journée « portes ouvertes » organisée par le préfet de police pour le trente-huitième anniversaire de la libération de Paris. Certes, Gaston Defferre, le ministre de l'Intérieur en titre, a bien fait le déplacement, mais, regrette le journaliste chargé de couvrir cette opération de communication, « aucune petite phrase » du nouveau secrétaire d'État qui effectue « son apprentissage », nul « remous » pour pimenter cette morne journée passée à déambuler entre les stands où sont dispensés des conseils aux commerçants du style : « Ne restez pas seul dans le magasin, faites l'acquisition d'un chien si possible. » Un paragraphe de l'article, un seul, mérite pourtant de retenir l'attention : « Une présence symbolique et un absent notable. Sur une chaise roulante, blessé le 4 août 1981 lors de l'arrestation manquée d'un terroriste allemand, M. Francis Violleau, brigadier de la police nationale, reçoit la médaille pour acte de courage et de dévouement. Accusé d'avoir tenu des propos "xénophobes" par un délégué CGT, M. André Marietti, officier de paix principal en poste au commissariat central du 18ᵉ arrondissement, n'est pas là pour recevoir sa médaille de chevalier dans l'ordre du Mérite : l'enquête de l'inspection générale des services (IGS) le concernant n'est pas terminée. »

En quoi l'absence d'un modeste fonctionnaire de police tel qu'André Marietti méritait-elle d'être qualifiée de notable ? Edwy Plenel, signataire de l'article, ne le précise pas.

Chapitre 9

Des anars pleins aux as

C'est une modeste camionnette de marque Volkswagen, l'un de ces « combi » en vogue au cours des années 70. Véhicule populaire de tourisme, les familles s'en servaient pour découvrir l'Europe et parfois le monde. Il était aussi très apprécié des artisans qui pouvaient y entasser leur fourbi. Celui-ci est de couleur orange, immatriculé 9968 CV 92. Son conducteur, un maçon-peintre-carreleur originaire de Navarre, s'est installé en France en 1957. Un bruit distingue ce véhicule, celui de son moteur. Tapis dans la nuit, les hommes de la section direction des RG de la préfecture de police n'ont même plus besoin de suivre le combi à vue. L'oreille suffit. Comme tous les jours depuis vingt ans qu'il travaille sur les chantiers, l'ouvrier part, dès l'aube.

La cible de cette section spécialisée des RG se nomme Lucio Urtubia-Jimenez, mais tout le monde l'appelle Lucio. C'est un gibier d'exception et son combi le véhicule le plus célèbre des annales de la lutte antiterroriste. Aujourd'hui encore, Lucio reste une légende vivante au sein de la mouvance anarchiste révolutionnaire, grâce à sa réputation d'invulnérabilité. Ce militant est l'un des principaux animateurs de l'« Organisation » évoquée par le patron de la cellule élyséenne dans sa longue note à François Mitterrand sur le financement du terrorisme international.

De janvier 1980 à décembre 1982, des centaines de millions de dollars en faux travellers ont donc inondé l'Europe et bien au-delà, une offensive jamais égalée derrière laquelle se trouve une petite équipe de faussaires de génie mais aussi des hommes impliqués au plus haut niveau dans le terrorisme international. Rien ni personne ne semble en mesure d'arrêter leur entreprise, à tel point que plutôt que de mettre la clé sous la porte l'une des plus grandes banques du monde, la First National City Bank, préférera négocier. Pourtant, les principaux malfaiteurs sont connus des services de police et, dès juillet 1980, l'un de ses dirigeants, Lucio, arrêté en flagrant délit, a été écroué. Pas pour longtemps, moins d'un semestre, sans que l'offensive des faussaires faiblisse pour autant. Les suites judiciaires de son interpellation, impossibles à effacer, se résument à une condamnation symbolique qui ne lui vaudra pas d'effectuer un jour supplémentaire de prison.

Saisi du dossier à l'automne 1982, le Gam est dissous quelques semaines plus tard. Pendant vingt ans nul n'a plus jamais évoqué cette affaire qui, à l'image du hold-up de Condé-sur-l'Escaut, semble avoir purement et simplement disparu des annales judiciaires, de même que les traces de l'intense mobilisation des archiprêtres socialistes du ministère de la Justice préposés à l'étouffement comme au règlement « amiable » imposé à la banque américaine.

Si la fourchette basse des sommes en cause est évaluée à 120 millions de francs, une source personnelle qui a suivi de près pour moi ce dossier disposait d'éléments lui permettant déjà de la multiplier par deux, soit 240 millions de francs. Elle s'estimait encore très loin du compte ! Pour fixer un ordre de grandeur et prendre un exemple dans une actualité plus récente,

120 millions de francs, c'est le montant des fonds secrets alloués à Lionel Jospin pour mettre de l'huile dans les rouages de Matignon en … 2001. On a beaucoup glosé sur ces millions, en revanche, les très très secrets 240 millions de francs des années 80 ne firent jamais parler d'eux. Voilà qui laisse rêveur comparé aux retombées médiatiques de la fameuse paire de Berlutti offerte à Roland Dumas.

Parmi les bonnes fées qui se sont penchées avec bienveillance sur le parcours judiciaire de Lucio et de ses amis figurent non seulement l'un des plus proches compagnons de François Mitterrand, Roland Dumas, mais aussi l'un des plus hauts magistrats du pays, Louis Joinet, co-fondateur du Syndicat de la magistrature, architecte de la loi d'amnistie de 1981, aujourd'hui premier avocat général à la Cour de cassation après avoir servi, comme conseiller juridique, trois Premiers ministres socialistes : Pierre Mauroy, Laurent Fabius et Michel Rocard.

Au début de l'année 1980, la surveillance quasi permanente qui s'exerce autour d'ex-membres du Groupe d'action révolutionnaire internationaliste, le Gari, s'intensifie. Un « renseignement », selon la formule usitée, parvient aux RG selon lequel Lucio Urtubia est sur « une affaire énorme ». Mais il faut patienter jusqu'à fin mai pour que l'information soit recoupée avec suffisamment de précision. Il est alors permis d'apprendre que Lucio Urtubia « recherche un contact bien placé dans un organisme bancaire afin d'être averti le plus rapidement possible de toute mise en garde générale concernant une émission de fausse monnaie ». Ce n'est pas une surprise. Depuis leur libération après l'enlèvement, quelques années plus tôt, du banquier Suarez, les ex-Gari multiplient les escroqueries et les contrefaçons, notamment de faux chèques de voyage, l'une de leurs spécialités. Ces faux, de grande qualité, sont écoulés de manière très ingénieuse. Les faussaires se sont spécialisés dans la reproduction de chèques volés qui, tôt ou tard, figurent comme tels sur les listes des organismes bancaires. Il convient donc de les négocier au plus vite. L'expérience montre qu'inévitablement l'une des équipes chargées de le faire se fera prendre. C'est là toute l'astuce. Ce qui saute aux yeux de l'employé de l'organisme bancaire, c'est que le chèque qu'on lui présente est volé, pas qu'il est faux ! Les poursuites engagées ne sont pas les mêmes et le « voleur », rapidement relâché, a tout loisir de disparaître dans la nature. Il faudra du temps aux banques avant qu'elles comprennent qu'un même chèque, déclaré volé, a été présenté des dizaines de fois par autant de « petits voleurs » et qu'elles découvrent, avec le pot aux roses, l'ampleur du préjudice.

Le 1er juillet 1980, l'office central pour la répression du faux-monnayage est avisé par American Express et la police espagnole qu'une importante transaction, portant sur de faux travellers, doit avoir lieu à Paris avec pour intermédiaire un ressortissant espagnol. La police française n'éprouve guère de difficulté à identifier l'homme capable de mener une telle opération. L'intense surveillance mise en place confirme la « grosse affaire » : 3 millions de dollars en faux travellers de la First National City Bank doivent changer de main. Première étape, la remise d'un échantillon attestant du savoir-faire des anarchistes révolutionnaires et que Lucio doit remettre à son acheteur, le dénommé Sarra Papiol.

La police est au parfum et Lucio sait qu'elle sait. Filatures, contre-filatures, les deux camps s'épuisent en stratagèmes. Dans la matinée du 9 juillet 1980, Lucio et Sarra Papiol sont interpellés à la terrasse des Deux Magots devant un copieux petit déjeuner qu'ils n'ont pas le temps de savourer. À leurs pieds, une mallette apportée par Lucio. Dans sa poche, une clé qui permet son ouverture. À l'intérieur, 3 043 faux chèques de 100 dollars aux couleurs de la First National City Bank, soit environ 2 millions de francs. Un flagrant délit parfait. Du moins la police le croit-elle.

Pas démontés, Lucio et son complice nient tout. En bloc. La mallette ? Les faux travellers ? Sarra Papiol passe certes aux aveux mais pas ceux qu'on attend. C'est d'un air piteux qu'il se confesse : « J'ai effectivement dérobé cette mallette ce matin à mon hôtel, je n'ai pas même pris le temps de l'ouvrir. » Manifestement, les deux hommes avaient prévu l'éventualité d'une arrestation. En s'accusant d'un vol imaginaire, Sarra Papiol ne tente pas uniquement de brouiller les cartes : il fait son possible pour mettre Lucio hors d'atteinte, conscient qu'il ne faut pas tuer la poule aux œufs d'or.

La mise à l'écart (provisoire et d'ailleurs toute relative) du maçon faussaire dans une cellule de la Santé non seulement ne fait pas cesser le trafic, mais semble le doper. Les mois qui suivent son arrestation sont marqués par des négociations massives de faux travellers en France et dans toute l'Europe.

Le 14 octobre 1980, c'est l'imprimeur de Lucio qui est interpellé en possession de faux chèques. La prise est de taille puisqu'elle permet de remonter jusqu'à ses installations dans le 20e arrondissement de Paris où ont été tirés les faux travellers. Déception : le stock reste introuvable. Au mois d'août 1981, ce sont les départements du sud-ouest de la France (Aude, Pyrénées-Orientales, Haute-Garonne, Tarn) qui sont inondés, cette fois de faux chèques postaux. Le 19 octobre, des chèques sont négociés au Luxembourg et le lendemain à Bruxelles. Le 22 décembre, le dénommé Benchellal Lahouari est arrêté à Helsinki. Son cas tranche avec les précédentes interpellations. Il revendique en effet son appartenance à une « organisation communiste combattante ».

161

De Paris, Action directe confirme et exige la libération de ce « militant révolutionnaire ». Un tapage qui se révèle une très mauvaise appréciation de la situation politique en Finlande. Une très longue frontière avec la si puissante URSS ne prédispose pas les services de sécurité finlandais à prendre à la légère la présence du « communiste combattant » sur le territoire national. Lahouari sera retrouvé, le 10 janvier 1982, pendu dans sa cellule.

Les enquêteurs constatent que le trafic est donc conduit à l'échelle internationale. Recrutés au sein de l'extrême gauche, les « négociateurs » agissent par équipe de deux simultanément dans toute l'Europe. En contact permanent avec le « centre », l'un des deux reste en retrait et a pour mission de surveiller le bon déroulement des opérations. Il doit signaler tout incident. L'« organisation » dispose ainsi d'un système d'alerte efficace qui lui permet de retirer ses équipes du terrain au premier incident.

En décembre 1982, quelques mois après mon arrivée à la cellule élyséenne, une réunion des services de lutte anti-terroriste avait évalué le nombre de ces équipes à une trentaine. La date mérite de retenir l'attention. Non seulement les membres de l'« organisation » avaient pour la plupart déjà bénéficié de l'amnistie de 1981, mais un accord tout à fait inattendu était intervenu entre la First National City Bank et le représentant des anarchistes révolutionnaires. Submergée par les faux chèques, la banque avait pris la décision de ne plus honorer ses propres chèques dans le monde entier. Une décision extrêmement lourde de conséquences : non seulement les possesseurs de chèques ne pouvaient plus les négocier mais le prestige de la banque risquait de ne pas s'en remettre. Seul poisson de gros calibre à avoir été pris dans les filets de la police, et l'un des cerveaux présumés de l'escroquerie, Lucio va logiquement payer au prix fort son implication. « Cinq ans de prison dans l'hypothèse où le parquet serait modéré », assure son biographe puisque avec beaucoup de surprise j'ai découvert, en mars 2001 sur les rayons d'un libraire, une biographie de Lucio Urtubia-Jimenez, signée Bernard Thomas, journaliste au *Canard enchaîné,* intitulée *Lucio l'irréductible.* « Seule lueur d'espoir dans ces ténèbres, se réjouit-il, les Américains ont choisi Mᵉ Yves Baudelot pour conseil. Baudelot, Joinet, Fagart se connaissent de longue date et s'estiment. Pourquoi ne pas s'asseoir autour d'une table avant de s'entre-déchirer ? »

Je recommande vivement la lecture de cet ouvrage passionnant aux plus sceptiques de mes lecteurs. Ils y trouveront des informations, des détails extraordinaires dont, pour ma part, je n'aurais jamais imaginé qu'ils puissent un jour être publiés. Ainsi l'opinion de Louis Joine*t* sur Lucio telle qu'elle a été recueillie par l'auteur : « Lucio représente à peu près tout ce que j'aurais aimé être ! » Cette franchise m'enchante, elle n'est pas si fréquente chez les magistrats qui, en règle générale, patientent jusqu'à l'heure de la retraite pour coucher sur le papier leurs états d'âme. On trouve aussi, dans ce livre, le récit — pour qui sait lire — des mille et une astuces procédurales qui furent déployées par ses avocats, puis par le gouvernement socialiste, pour que Lucio échappe aux conséquences judiciaires de ses activités. Un vrai conte de fées. C'est ainsi que se règlent à l'« amiable » les termes d'un accord ahurissant. Sous le haut patronage du gouvernement socialiste, Lucio négocie sa complète impunité contre la remise des plaques et d'une partie du stock ayant servi à fabriquer les faux travellers, mais sans garantir que pendant un certain temps des faux ne vont pas continuer à circuler à son corps défendant... Si la First National City Bank refuse les termes de l'accord, il menace d'inonder la planète de faux !

La remise des plaques intervient fin octobre 1982 dans un hôtel proche des Champs-Élysées. L'opération se déroule dans le plus grand secret. Lucio redoute un coup fourré de dernière minute, un flagrant délit de la police par exemple qui transformerait cette opération de chantage en « échec politique », *dixit* son biographe Bernard Thomas. Mais Geoffrey Heggart, responsable de la sécurité de la First National City Bank, est de bonne composition. Cédant à l'amicale pression de tant de bonnes volontés soucieuses de régler à l'amiable ce dossier, on va jusqu'à accorder des indemnités à Lucio Urtubia pour « cessation d'activité ». Le trafic se poursuit donc quelques mois, le temps d'écouler la surproduction. La situation fait l'objet d'une réunion au siège de la DST le 27 décembre 1982. Un récapitulatif détaille le *modus operandi* de l'organisation : « La répartition de l'argent recueilli se fait de la façon suivante : un tiers est conservé par l'équipe qui a écoulé les faux travellers, le reste est remis à José Cerreda-Ramos, qui en donne la moitié aux organisations révolutionnaires (...). L'intéressé a organisé à son domicile des réunions auxquelles participaient des militants d'Action directe. (...) L'intéressé a fait aménager une cache blindée dans son appartement. (...) À noter par ailleurs que le GIGN s'intéresse également à ce problème en raison de la destination d'une partie des fonds recueillis vers les mouvements révolutionnaires (AD, ETA, etc.). (...) Une nouvelle réunion de travail se tiendra le vendredi 7 janvier 1983 à 13 h 30 à la DST. »

Deux années après l'interpellation d'Urtubia aux Deux Magots, le trafic de l'« organisation », en association avec une entreprise terroriste, s'est donc poursuivi, sans que rien ni personne ne paraissent en mesure d'y mettre un terme. L'apparition d'un « nouveau » personnage, Cerreda-Ramos, ne doit rien au hasard. « Empêché » depuis plusieurs mois, Lucio a laissé la place.

Réfugié politique depuis 1973, officiellement expulsé en 1976 pour plusieurs vols, incarcéré à nouveau en juin 1977 pour détention d'armes, de munitions et de faux documents, condamné à quinze mois mais libéré au bout de deux, Cerreda-Ramos est un « camarade » de Lucio, un vieux routier de la CNTE (Confédération nationale du travail espagnole) et une figure du Gari. Il se distingue de Lucio par un *curriculum vitae* bien plus chargé mais aussi par son physique de colosse. Un détail qui permettait de remarquer sa silhouette lorsque, lors des élections, il venait prêter main-forte, en Dordogne, au candidat socialiste Roland Dumas... Détail qui explique peut-être pourquoi, contrairement à son habitude, Mitterrand n'a jamais accusé réception des notes de la cellule anti-terroriste traitant du financement du terrorisme international. Sujet qu'il pouvait connaître via d'autres sources.

La seule évocation de l'amicale complicité entre Lucio et de puissants personnages, le tout agrémenté de centaines de vrais faux millions de dollars, aurait dû, à mon sens, assurer la notoriété de l'ouvrage de Bernard Thomas et alimenter un brin de polémique. Or, silence radio... Comme si l'irréductible Lucio était, pour une fois, condamné au service minimum. Ce ne sont pourtant ni les plumes ni les micros qui manquent, en temps ordinaire, pour célébrer la geste révolutionnaire. Peut-être le sujet a-t-il été jugé trop brûlant dans la dernière ligne droite de l'élection présidentielle ?

Il est vrai que le front des « affaires » est encombré et que les vieilles histoires ne passionnent pas les foules. Sauf, bien sûr, lorsqu'il s'agit des Irlandais de Vincennes. À moins que le curieux mutisme qui a entouré ce livre ne résulte du souci d'éviter un « devoir d'inventaire » et un retour sur le passé de ceux qui, par leurs fonctions, ont pu avoir à connaître ce dossier.

Un point fondamental m'oppose, lecture terminée, à la thèse de Bernard Thomas selon laquelle *Lucio* aurait déjoué les services de police à force d'ingéniosité, de courage et d'intelligence. Dès la quatrième de couverture du livre, le ton est donné : « En 1980, la police française pourchasse un faussaire redoutable. Il a inondé le monde entier de faux travellers pour un montant évalué à plusieurs milliards de centimes. Elle arrête un suspect, Lucio. S'agit-il du "cerveau" de l'affaire ? Elle ne peut imaginer un instant que l'homme qui a défié la plus puissante des banques américaines soit un simple maçon espagnol. » La réalité est bien différente. Les services spécialisés n'ont pas arrêté un « suspect », mais le faussaire, et ce en flagrant délit et au terme d'une enquête de plusieurs mois. Ils n'ignorent pas grand-chose des activités du personnage pour la bonne et simple raison qu'ils le surveillent depuis des années de manière quasi permanente. L'impunité exceptionnelle dont lui et certains de ses amis vont bénéficier ne doit rien à l'inefficacité des services de la lutte anti-terroriste ni au génie de Lucio mais tout à leurs protections politiques.

Ne dites pas à Lucio qu'il est espagnol, il pourrait bien sortir son revolver. Troisième enfant d'une famille qui en compte six, Lucio est né le 18 février 1931 à Cascante au Pays basque espagnol et, très jeune, cultive une solide haine du franquisme. Peu disposé à porter l'uniforme d'une armée d'occupation, il déserte en 1954, après quelques mois de service militaire, passe la frontière et débarque à Paris avec, pour seul bagage, une formation de maçon.

Dès son arrivée en France, il adhère à la CNTE, organisation qui regroupe d'anciens anarcho-syndicalistes et qui est alors dominée par la personnalité de Cerrada-Santos Lauréano [1], dit le « Vieux ». Ce dernier est présenté, dans

---

1. À ne pas confondre avec Cerreda-Ramos.

une note de synthèse établie par les RG en avril 1981, comme « anarchiste, grand faussaire et falsificateur de génie ». La note précise : « Cerreda est le dépositaire du trésor de guerre de la CNTE (bijoux mais surtout tableaux de maîtres volés). Grand argentier de la Fédération anarchiste ibérique (FAI) puis trésorier du Mouvement libertaire espagnol (MLE), enfin président de la Junte nationale de libération espagnole (JNLE), Lauréano brassait à l'époque des sommes énormes encore grossies de toute la fausse monnaie fabriquée dans son imprimerie Santos, 71, avenue de la Dhuys à Bagnolet (Seine-Saint-Denis) ».

Le « Vieux », séduit par la personnalité du jeune Lucio, décide d'en faire son héritier. Cette succession intervient le 15 octobre 1976 après le meurtre de Cerreda à Belleville. Un règlement de comptes au sein des anars, croit savoir la police qui observe que cet assassinat survient alors que le « Vieux » avait l'intention de mettre en accusation pour « trahison » un des membres de l'organisation suspecté d'avoir fait capoter un attentat contre Franco quelques mois plus tôt.

Quoi qu'il en soit, le passage de témoin au disciple n'échappe nullement aux services spécialisés qui suivent déjà de près les opérations de déménagement de toutes les affaires du vieil anarchiste rapidement enfournées dans le combi orange. La note déjà citée relève : « Il n'est un secret pour personne au sein du groupe des anciens que Lucio hérita d'une partie importante, si ce n'est de la totalité du trésor de guerre de la CNTE et des moyens matériels dont disposait l'imprimeur. »

L'intimité des relations que Lucio noue avec l'organisation terroriste ETA est sujette à controverse. Mis en cause en 1982 par l'hebdomadaire espagnol *Cambio16* comme membre de l'organisation, Lucio intente une action en diffamation et réclame des dommages intérêts. Débouté, il obtient tout de même un droit de réponse dans lequel il précise : « Je ne suis pas un terroriste. Je n'ai jamais appartenu aux organisations ETA militaire ni Action directe. Je ne suis jamais intervenu dans aucun commerce d'armes à aucun niveau et pour aucune organisation. Jamais on n'a trouvé à mon domicile des papiers ou de la documentation de l'organisation terroriste basque. » Il ajoute à ce propos : « Je suppose que l'on se réfère une fois de plus à ETA militaire. »

Dont acte : Lucio n'est pas « membre » d'ETA militaire ni encarté à Action directe, il est juste tout proche d'ETA, d'Action directe et de ses membres. Suffisamment pour que, le 9 juillet 1980, soit découvert à son domicile un original de tract portant le cachet d'ETA en date du 5 juillet. Son domicile parisien est par ailleurs connu pour être une étape incontournable des militants d'ETA. Lucio a appartenu à des groupes qui posent des bombes, font sauter des voitures piégées, ont recours aux hold-up, et parfois même au kidnapping, mais ce n'est pas un terroriste et il ne fait pas « commerce » des armes.

N'étant pas homme à vivre de ses rentes, Lucio ne cessa jamais de travailler sur les chantiers comme maçon-peintre-carreleur. Il hérite aussi du penchant de son maître pour la fabrication de fausse monnaie, faux papiers et toiles de maîtres.

« La peinture, ça sent mauvais ! » En dehors d'apporter des grenades à la cellule anti-terroriste, c'était l'une des blagues favorites de ce fonctionnaire de l'anti-terrorisme qui était venu me rendre visite à l'Élysée. C'est lui qui a fait mon éducation sur l'univers dans lequel évoluaient Lucio et ses camarades. Un petit monde qu'il aurait été ravi de faire jeter en prison mais pour lequel il ne dissimulait pas une certaine fascination.

Je parle de la génération de la CNTE et pas des membres d'Action directe. Ces derniers, il les qualifiait de « bras cassés sans envergure ».

L'obstination de Lucio et de ses amis à conserver un emploi ouvrier tandis que leurs revenus extérieurs leur auraient permis de cesser de travailler résulte, selon la « légende » et son biographe, du souci de rester près du « peuple ». Comportement qui établirait leur parfaite rectitude morale, tout l'argent illégalement récupéré servant à alimenter diverses « caisses de solidarité » au bénéfice des travailleurs les plus démunis.

Mon « flic » fait une tout autre lecture de ce souci de rester dans le bâtiment. C'est d'abord une excellente couverture. Lorsque vint le temps des ennuis judiciaires, nos ouvriers pouvaient exhiber leurs mains pleines de plâtre au juge, user et abuser d'un sabir difficilement intelligible, indice patent, après de si longues années passées sur le territoire, d'un quotient intellectuel nettement inférieur à la moyenne.

Deuxième avantage des chantiers, ceux effectués chez les riches particuliers chassés de leur domicile par la poussière et l'odeur de la peinture permettent d'entretenir une solide tradition des anars de la CNTE : la récupération et le négoce des œuvres d'art, avec une prédilection particulière pour les grands peintres.

Ce n'est pas par hasard si Jean-Marc Rouillan, formé à bonne école, se met à fréquenter les musées. Mais celui que ses aînés, tel Lucio, appellent encore le « Pitchoun » ne possède ni l'esprit de finesse ni la patience de ses maîtres.

Le 13 décembre 1978, des voleurs s'emparent au musée de Saint-Germain-en-Laye d'une toile de grande valeur au nom prédestiné : *L'Escamoteur*, un tableau signé Jérôme Bosch, puis tentent de la négocier. Les RG, qui disposent encore à l'époque d'excellents informateurs, n'ont besoin que de quelques semaines pour découvrir que Rouillan et Éric Moreau sont en charge des dites négociations. Si, début février, Rouillan parvient, *in extremis,* à s'échapper, Éric Moreau est arrêté en possession du tableau. Le véhicule de location qu'il conduit lors de son interpellation a été loué au nom d'une quasi-inconnue... Nathalie Ménigon.

À 25 ans seulement, Rouillan est déjà un routier de l'action révolutionnaire. Après ses aventures espagnoles, il a retrouvé à Toulouse de nombreux anarchistes regroupés au sein du Gari (Groupe d'action révolutionnaire internationaliste), maison mère et couveuse d'Action directe. Entre 1974 et 1976, les Gari, dont Lucio Urtubia-Jimenez est l'une des figures dominantes, alignent une impressionnante série d'attentats : 24 pour la seule année 1974. Contrairement à une autre légende, ceux-ci n'ont rien de symbolique. Ainsi, une tentative de meurtre, le 22 février 1974, contre le consul général d'Espagne à Toulouse ou encore des attentats à la voiture piégée en Belgique. Jean-Marc Rouillan, dont les empreintes digitales ont été relevées sur une bombe en Belgique, est arrêté en décembre 1974, place du Colonel-Fabien, au volant d'un véhicule bourré d'armes et d'explosifs. Écroué, il passe plus de deux ans en prison. Il ne sera jamais jugé. L'affaire, logiquement instruite par la Cour de Sûreté de l'État, est finalement confiée au parquet du tribunal de grande instance de Paris, lequel décide sa remise en liberté provisoire. En mai 1979, la justice se ravise et décide son renvoi devant une cour d'assises.

Déjà de bonnes fées semblent veiller sur la carrière du « pitchoun ».

La future star d'Action directe n'est alors qu'une petite main du Gari, organisation qui présente la particularité d'être le premier groupe terroriste « made in France » à recourir aux enlèvements et aux hold-up pour s'autofinancer. Le 3 mai 1974, le Gari se signale par une action spectaculaire avec l'enlèvement, à Neuilly, de Balthazar Suarez, directeur de la Banque de Bilbao à Paris. Celui-ci est pris en otage sur le parking de sa résidence à 8 h 30 alors qu'il s'apprête à conduire ses deux enfants à l'école. Suarez est menotté et jeté dans sa voiture, tandis qu'après avoir été immobilisés avec du sparadrap, ses enfants sont enfermés dans un réduit.

Trois jours plus tard, un communiqué signé du Gari parvient à l'ambassade d'Espagne. Les ravisseurs exigent l'abandon des poursuites judiciaires contre l'un des leurs, la remise en liberté d'un autre. Un préavis de quatre jours est accordé aux autorités espagnoles faute de quoi, menacent les ravisseurs, « vous porterez les responsabilités des conséquences sur M. Suarez ». Face au refus de Madrid de céder, les exigences initiales sont rapidement abandonnées au profit de 2 500 000 francs d'une rançon réclamée à la famille et que cette dernière se résout à verser le 20 mai. Le banquier Suarez est libéré le 22 après avoir subi trois semaines de détention.

Sitôt connue la nouvelle, la police, informée depuis le début par un indicateur, lance un vaste coup de filet. En 48 heures, l'argent de la rançon est récupéré et une dizaine de suspects sont interpellés. Parmi eux, Lucio et son épouse. Inculpés de « recel qualifié et séquestration de personne », le couple est écroué.

Coriace, le Gari n'a pourtant pas dit son dernier mot. Tous les inculpés « chiquent ». Réduisant leur participation à ce qu'il est absolument impossible de nier, c'est tout juste s'ils sont au courant de l'enlèvement. Ils n'ont fait qu'obéir à des consignes lancées par des inconnus qu'ils pensaient être d'honnêtes militants de la cause antifranquiste. C'est le cas de l'homme intercepté avec la rançon qui croyait transporter un simple paquet. Lucio reconnaît avoir envoyé en Espagne un exemplaire du *Figaro* contenant le message codé selon lequel la famille acceptait de payer, mais il n'en sait pas plus.

Ce qu'il ignore, c'est que, dès les premiers jours de l'enlèvement, il a été pris en filature par les RG. Celle-ci avait conduit les policiers rue Broca jusqu'à un appartement, lieu supposé de détention du banquier et propriété d'un chercheur du CNRS. « Conduit sur place dans la soirée du 27 mai, M. Suarez, qui ne pouvait contenir son émotion, se trouvait mal dès son entrée dans l'escalier de l'immeuble mais pouvait être finalement, aidé par deux des fonctionnaires présents, conduit jusqu'à l'appartement du deuxième étage, où il reconnaissait très rapidement qu'il s'agissait des lieux où il avait été détenu durant dix-neuf jours et ce à de multiples détails qu'il avait pu noter et qu'il retrouvait un à un, notamment dans les toilettes où il avait été constamment conduit les yeux bandés », nous apprend une note de synthèse de la direction centrale de la PJ.

Ce qui entraîne une audition assez poussée des propriétaires fort étonnés de ce que leur apprend la police. S'ils n'occupent pas cet appartement, ils y sont venus à plusieurs reprises entre le 3 et le 23 mai « faire la lessive ». Fatalement, la présence d'un otage et de ses ravisseurs n'aurait pu échapper à l'œil exercé d'un astronome de profession.

Œil pour œil, les enquêteurs s'étonnent à leur tour que le numéro de téléphone de l'astronome puisse figurer sur un bout de papier hâtivement déchiré et saisi dans la planque de l'homme interpellé en possession de la rançon. C'est là un élément que le couple semble incapable d'expliquer.

Difficile de nier toutefois qu'ils connaissent Lucio puisque son nom apparaît sur leur agenda téléphonique, mais c'est une excellente opportunité pour le couple de regretter de ne plus avoir de ses nouvelles depuis « au moins trois mois ».

Rendant compte des développements de l'enquête, l'AFP témoigne que « rien dans les témoignages des voisins ne permet aux policiers d'affirmer que l'appartement a réellement servi au rapt du directeur de la Banque de Bilbao ». Et l'agence de presse conforte cette conclusion par le témoignage d'une voisine qui n'a rien remarqué. Information néanmoins complétée des précisions suivantes : « Seule une petite lumière filtrait de la salle à manger. Il y a plusieurs jours, se souvient-elle encore, j'ai aperçu un homme barbu qui a fixé une corde à la rambarde de la fenêtre de la cuisine. Lorsque les policiers ont déroulé cette corde, hier soir, elle arrivait presque en bas. Peut-être était-ce pour s'enfuir ? » Voilà pour le témoin qui n'avait « rien » remarqué...

Prouvant sa parfaite connaissance de ce milieu, la police n'a eu besoin que de quelques jours pour décapiter le Gari et placer ses principaux responsables sous les verrous. Restait à transformer ce succès policier en victoire judiciaire. C'est à ce stade que la machine va s'enrayer, illustrant le traitement particulier dont ont bénéficié les organisations terroristes en France à partir du milieu des années 70.

Comme le fait remarquer son biographe, l'arrestation de Lucio est un « coup dur ». Qu'il convient toutefois de relativiser. Interpellé le 22 mai 1974, il est remis en liberté le 18 septembre : quatre mois de préventive pour une participation à un enlèvement, voilà une clémence exceptionnelle. Et je n'accuse pas la gauche. Valéry Giscard d'Estaing et la droite viennent tout juste de remporter l'élection présidentielle ! D'où vient alors une telle mansuétude ? La réponse fournie par Bernard Thomas mérite d'être rapportée : « Magistrat d'un pays démocratique », le juge d'instruction refusait de collaborer avec l'Espagne et de devenir ainsi « l'agent actif d'un fascisme cacochyme mais toujours aussi féroce. Il s'en ouvrit en haut lieu. Et le haut lieu giscardien, de la Chancellerie, place Vendôme, aux chambres secrètes du palais de l'Élysée, comprit et approuva (...). La presse commençait à gloser sur l'affaire ». L'argumentation me laisse rêveur. Quelle impérieuse nécessité y avait-il de « collaborer » avec le « fascisme cacochyme » pour instruire un kidnapping en plein Paris dont les auteurs étaient interpellés en quasi flagrant délit et alors que la question de leur extradition ne se posait pas ?

Jean-Marc Rouillan est complice des kidnappeurs. Son cas se distingue des autres inculpés. Arrêté et écroué, il est aussitôt libéré et ne sera même pas jugé. Le « pitchoun » dispose d'influentes relations...

Comme il est impossible de brûler le dossier, l'affaire vient tout de même devant la cour d'assises de Paris, en janvier 1981, à quelques semaines de l'élection présidentielle et au terme d'un délai — cette fois exceptionnellement long — de sept années. Ce procès réserve bien d'autres surprises. La presse de gauche donne le ton ; « Procès incongru, décalé », pour *Libération*, « Procès franquiste à Paris », selon *Le Canard enchaîné*. Le kidnappé juge prudent de ne pas se présenter à l'audience, laissant vide le banc de la partie civile. La victime effacée, il ne reste plus qu'à faire disparaître les ravisseurs. C'est chose faite le 31 janvier 1981. Tous les inculpés sont acquittés sous les applaudissements. Telle est donc la vérité judiciaire. Un enlèvement, certes, une rançon versée et récupérée par la police, en effet, mais plus aucun ravisseur !

Quelques jours avant que ne s'ouvrent les débats, Lucio se morfondait pourtant dans sa cellule de la Santé. Cette nouvelle incarcération ne devait rien à l'affaire Suarez (pour laquelle il a déjà été remis en liberté sept ans plus tôt) mais tout aux faux travellers écoulés au cours des mois précédents.

174

Sa hantise est donc de comparaître en tant que détenu, ce qui pourrait faire s'écrouler l'édifice politico-journalistico-procédural minutieusement mis en place à l'initiative du principal avocat de Lucio : Mᵉ Roland Dumas, par ailleurs défenseur attitré du *Canard enchaîné* et expert de longue date en manipulations médiatiques. Le jury pourrait en effet manifester quelque curiosité sur la nature réelle des activités de ceux qu'on leur présente comme de malheureux immigrés, victimes d'une terrible répression, mobilisés dans un combat pour la restauration des libertés démocratiques dans leur pays. La thèse est d'autant plus séduisante que, depuis la mort de Franco en 1975, l'Espagne a adopté une loi d'amnistie très large. La justice française va-t-elle se montrer plus royaliste que Juan Carlos ? Il est donc fait silence tout au long des audiences sur les activités des ex-Gari, reconstitués sous la bannière informelle de l'« Organisation ».

Lucio est si peu rassuré sur son sort qu'il ne cesse de harceler Dumas auprès duquel il multiplie les SOS, le menaçant notamment de le priver de colleurs d'affiches lors de la campagne électorale.

Impossible n'étant pas français, le miracle finit donc par se produire fin novembre, à huit jours de l'ouverture du procès. Lucio — sans se fâcher avec Dumas — s'est pour le coup adjoint les services d'un autre avocat, le jeune Thierry Fagart, avec lequel je serai chargé de négocier la reddition de Jean-Marc Rouillan. Mᵉ Fagart partage alors son cabinet avec son confrère Antoine Comte, avocat du journal trotskiste *Rouge* et des Irlandais de Vincennes. Paris est un village...

Une note de synthèse d'avril 1981, établie par les RG et centrée sur les activités de Lucio Urtubia et des ex-Gari, tire quelques leçons du procès Suarez : « Il a laissé (...) dans l'ombre, la personnalité de Lucio Urtubia-Jimenez, lui aussi protagoniste de l'affaire, dont l'attitude intentionnellement humble et effacée a réussi à abuser le jury qui n'a découvert au box des accusés qu'un complice minable, petit travailleur immigré mal habitué aux subtilités de la langue française, qui déclare sans sourire au président qui l'interroge qu'il est en état dépressif parce qu'il se sent continuellement filé par la police sans en comprendre les raisons. »

Pour comprendre cette frilosité de la magistrature et du pouvoir politique face à des criminels se réclamant de l'extrême gauche, il convient d'avoir en mémoire le climat des années 70, avec une gauche rassemblée autour de son « programme commun » et en train d'effectuer sa marche irrésistible vers le pouvoir. Lors de chaque procès, l'ultra-gauche envahit les salles d'audiences, n'hésitant pas à cracher sur les jurés lorsque le verdict ne lui convient pas comme cela s'est produit lors du premier procès Goldman. Militant révolutionnaire, Pierre Goldman avait été condamné à la réclusion criminelle à vie par la cour d'assises de Paris le 11 décembre 1974 pour le meurtre, en décembre 1969, de deux pharmaciennes lors d'un braquage. Au terme d'une intense mobilisation qui avait vu Régis Debray, Simone Signoret et consort monter au créneau et parce qu'un greffier avait omis de dater un procès-verbal lors des débats, l'arrêt fut cassé. L'affaire, rejugée en avril 1976 devant la cour d'assises d'Amiens, s'achèvera sur un acquittement ! Le témoin principal de l'accusation — il s'était fait tirer dessus à bout portant par le braqueur — n'était plus là, il est vrai. On avait retrouvé son corps, le 21 mai 1970, immergé dans les 1 m 50 d'eau d'un étang, alors qu'il était parti seul à la pêche. Sans doute cette mort providentielle a-t-elle évité une terrible « erreur judiciaire ». Ainsi va la vie de la société française. Le double meurtre du boulevard Richard-Lenoir reste donc, à ce jour, une énigme judiciaire.

176

La principale fiction alors entretenue voulait que les terroristes de toute l'Europe qui venaient s'installer en France étaient persécutés dans leur pays, qu'ils fuyaient la répression et qu'ils ne se livraient à aucune activité criminelle chez ceux qui leur offraient l'hospitalité. Quiconque émettait une autre hypothèse, voire pronostiquait la mise en place d'une internationale terroriste était aussitôt qualifié de dangereux mythomane et accusé de fouler aux pieds les traditions d'asile de la France.

Paul-André Sadon, alors procureur général, a témoigné[1], par exemple, de l'extraordinaire acharnement d'une partie de la gauche pour faire obstacle à l'extradition de Klaus Croissant, l'avocat de la bande à Baader défendu par Roland Dumas et soutenu par Robert Badinter, Georges Kiejman, Pierre Joxe, Régis Debray... :

« L'avocat général était venu me voir auparavant. J'étais son chef hiérarchique. Je lui ai demandé comment se présentait le dossier. Il me répondit : "Vous savez, ça ne m'emballe vraiment pas." Il n'avait pas le moral. Il avait été très impressionné par les slogans des manifestants dans le Palais de Justice. Je l'ai interrogé pour savoir s'il avait préparé ses réquisitions pour l'audience. Il me dit : "Ce sera une audience épouvantable, nous allons à l'échec." Qu'est-ce que vous faites dans ces cas-là ? J'ai réfléchi deux jours. Et puis... La justice n'avait pas le droit d'échouer. Elle a un rôle à jouer. Il ne s'agit pas d'obtenir nécessairement ce qu'on veut, mais il est nécessaire de faire valoir son point de vue. J'ai pris la décision d'aller moi-même à l'audience. Face à moi, j'avais tout de même quinze avocats, dont un futur ministre des Affaires étrangères, M. Roland Dumas, qui défendait les terroristes. Et ce fut très dur. Il y avait 300 personnes dans le couloir.

---

1. Voir Daniel Schneiderman et Laurent Greilsamer, *Les Juges parlent*, Fayard, 1992.

— Vous vous êtes senti assiégé ?

— J'ai reçu des menaces de mort. Moi, ça me laisse complètement indifférent. Mais dans la mesure où les menaces visaient mes enfants qui avaient 9 et 11 ans, j'ai cru devoir en parler au ministre et lui remettre les lettres. Il a téléphoné au Premier ministre, M. Raymond Barre, qui a exigé que je bénéficie d'une protection. J'ai été empoisonné pendant des années. (...)

— Au nom de l'État, vous avez obtenu l'extradition de Croissant. Quel est votre jugement aujourd'hui ?

— Je ne regrette rien. Au contraire, j'y attache une grande importance morale. »

Ainsi seule la volonté d'un homme, ultime rempart alors que l'avocat général avait mis les pouces, a permis de faire échouer l'opération visant à terroriser les juges. La chute du Mur de Berlin permettra d'apprendre que le « persécuté » était en réalité un agent de la Stasi, les services secrets du régime communiste d'Allemagne de l'Est. Sa mission consistait à assurer la liaison avec les membres de la Rote Armee Fraktion à qui il fournissait des listes d'objectifs. On imagine les difficultés que la mobilisation de tous les « imbéciles utiles » au profit des terroristes suscitait pour les services chargés de lutter contre cette forme de criminalité.

Si la surveillance des anars n'a jamais véritablement cessé, elle prend un élan nouveau au lendemain du hold-up de Condé-sur-l'Escaut, en août 1979. Les recherches s'appliquent à tirer un fil conducteur et à cerner sinon les « commanditaires » au sens strict du terme, du moins ceux qui, dans l'ombre, sont les « gérants de fait » de l'« Organisation » évoquée par plusieurs des interpellés. Le profil de l'un d'entre eux donne un coup de pouce aux investigations. L'homme s'appelle José De Miguel-Martin, dit « Pépé ». Arrêté en novembre, c'est une vieille connaissance. Né à Madrid en 1952, il est connu pour son appartenance au Groupe libertaire autonome de Madrid et incidemment soupçonné d'avoir, à ce titre, participé à une trentaine de vols à main armée. Il séjourne en France sous une fausse identité. Suivant cette piste, les hommes de la police judiciaire saisissent, au cours d'une perquisition chez l'une de ses relations, non seulement près de 2 millions de francs du hold-up de Condé, mais surtout un millier de faux documents (français, belges, italiens, suisses, espagnols), des faux cachets administratifs français ainsi qu'un « très important matériel de faussaire, de grande valeur ». La police pense donc immédiatement au Gari.

La pression monte et le filet se resserre. Cinq mois avant Condé-sur-l'Escaut, le 22 mars 1979, un autre hold-up a eu lieu à Villeurbanne, au détriment de la trésorerie générale. La cible est ambitieuse, mais l'opération se solde par un fric-frac minable. Quatre hommes armés se partagent 71 000 francs. Seul indice, le numéro d'immatriculation du véhicule avec lequel ils se sont enfuis. La voiture a été louée avec de faux papiers au nom d'un certain Huon.

Le lendemain, 23 mars, se déroule à Paris une importante manifestation de sidérurgistes. L'heure est aux « restructurations ». Par petits groupes, autonomes et casseurs ont infiltré le cortège des 100 000 manifestants et se livrent, lors de raids successifs, au pillage systématique des magasins. La manifestation dégénère. Place de l'Opéra, une compagnie de CRS isolée est prise d'assaut par les groupes autonomes armés de barres de fer et de cocktails Molotov. Plusieurs armes de service sont soustraites aux policiers qui déplorent 116 blessés dans leurs rangs. Le gardien de la paix Gérard Le Xuan, en civil, courait avec les autonomes. Sa mission consiste à les suivre, déceler leurs intentions et signaler leurs mouvements. C'est le seul moyen pour les forces de l'ordre de suivre les

179

déplacements de ces petits groupes de casseurs très organisés qui, depuis quelques mois, infestent les manifestations. Or il est intercepté par le service d'ordre de la CGT. *L'Humanité* et *Libération* en font leurs choux gras et veulent y voir la preuve que le ministère de l'Intérieur manipule les casseurs dans l'intention de discréditer la « force tranquille des travailleurs ». Parmi les 83 interpellations effectuées chez les autonomes, celle de Régis Schleicher. Garde à vue, perquisition au domicile de l'« étudiant ». Le train-train policier sort de la routine avec la découverte d'armes et d'explosifs, une liste de magistrats avec leurs adresses personnelles, des photos du procureur de la République de Paris... Un examen plus approfondi des lieux permet de récupérer un faux permis de conduire établi au nom de Huon. C'est le document avec lequel a été loué le véhicule du hold-up de Villeurbanne. Difficile pour Schleicher de nier, sa photo est collée sur le permis. Autre trouvaille : une gourmette de première communiante, gravée au nom de Nathalie Ménigon...

Inculpé de vol à main armé, écroué, Schleicher n'a pas le temps d'être jugé puisqu'il est amnistié en 1981. Son hold-up n'avait fait l'objet d'aucune revendication politique.

Y a-t-il un lien entre Villeurbanne et Condé-sur-l'Escaut ? Quel rapport existe-t-il entre les apprentis voyous de la banlieue de Lyon, les autonomes parisiens et les braqueurs expérimentés de Condé, terroristes patentés de divers groupes révolutionnaires ? La logistique et les relations tournent autour du Jargon libre, la librairie anarchiste. Les divers protagonistes, même lorsqu'ils ne se connaissent pas, ont hérité des mêmes faux documents administratifs, disposent des mêmes points de chute dans la capitale, du même réseau de planques. Les brigadistes de Condé ont été hébergés dans des squats parisiens. Une descente dans l'un d'entre eux, rue Raymond-Losserand, dans le 14ᵉ arrondissement, permet de saisir 50 700 francs provenant de la retraite des mineurs du Nord. Ce squat est alors contrôlé par Rouillan et ses amis, tel Régis Schleicher.

L'épluchage des écoutes téléphoniques permet à la police de relever que, peu de temps avant le hold-up de Condé, De Miguel-Martin a téléphoné à Lucio pour passer une commande de livres.

La fréquence de ces commandes de livres passées à un homme qui est officiellement maçon — et non libraire — intrigue les « orionneurs », autrement dit les préposés aux « grandes oreilles ». Lucio commet parfois l'imprudence de répercuter les commandes auprès d'un individu notoirement connu sur la Canebière pour ses compétences en matière de trafic d'armes.

C'est ainsi que se forge la conviction policière que « la recherche d'armes et leur revente paraît être une des occupations essentielles de Lucio Urtubia. Pour effectuer ce trafic, un code est utilisé, précise un rapport. Le client prend contact avec Lucio en lui faisant savoir qu'il recherche un livre, petit, grand, long, ou un dictionnaire. Un livre est une arme de poing. Sa taille est précisée par le client (...). Un dictionnaire est un pistolet-mitrailleur. Si le livre est demandé avec ses pages, cela signifie que des munitions doivent accompagner l'arme. Il faut noter que des livres ont été demandés non seulement avant le 28 août 1979, date du hold-up, mais encore après. Ce détail laisse donc entendre que Lucio a fourni d'autres armes à l'équipe de "Pépé" pour des opérations postérieures à celles du mois d'août ». Voilà qui, peut-être, permet de mieux comprendre l'enthousiasme du patron de la cellule élyséenne lorsqu'il annonçait à François Mitterrand son espoir de frapper un grand coup contre le financement du terrorisme international. Quelques éléments manquaient encore certainement à une maîtrise complète du dossier. Et un « certain temps », celui-là même accordé aux amis de Lucio, nous fut nécessaire pour comprendre que cette affaire ne risquait guère de prospérer.

Urtubia-Jimenez a donné une précieuse indication en confessant avoir écoulé 120 millions de francs de faux travellers. Ce calcul, selon mes informations, ne tient pas compte de 70 kilos supplémentaires imprimés par ses associés qui, déprimés par l'arrestation, en juillet 1980, de leur camarade, s'empressèrent d'effectuer un « tirage à part » afin de rentrer dans « leurs frais » et dont ils n'eurent pas à souffrir pénalement. Soit encore 60 millions de francs. Nous en sommes déjà à 180 millions de francs auxquels il ne me paraît pas abusif de rajouter les 15 millions du hold-up de Condé-sur-l'Escaut, jamais retrouvés. Total donc : environ 200 millions de francs, soit plus de 30 millions d'euros.

Cet argent a circulé sur une période très courte, que l'on peut fixer avec précision : de la fin de l'année 1979 à décembre 1982. Officiellement, si l'on peut dire, ce « trésor de guerre » ainsi amassé a servi à acheter des bonnets de laine et des chaussettes aux victimes des innombrables dictatures de par le monde mais aussi des armes pour soutenir, ici les actions terroristes de l'ETA, ailleurs telle ou telle guérilla d'Amérique du Sud. Ce n'est pas moi qui l'affirme, ce sont les explications qui nous sont aujourd'hui présentées pour justifier l'une des plus vastes escroqueries jamais entreprises par une organisation terroriste doublée d'une association de malfaiteurs et dont le règlement « à l'amiable » fut appuyé et fortement encouragé par un gouvernement français dans le plus grand secret. Ce n'est déjà en soi pas banal.

Je laisse à chacun le soin d'apprécier la probité des dirigeants socialistes qui se sont succédé aux affaires

depuis mai 1981. Je me borne à poser la question —
difficile à exclure *a priori* — d'une opération parallèle
de « financement politique ». Au cours de la campagne
présidentielle de 1981 par exemple. Cette hypothèse
pourrait expliquer le zèle avec lequel les défenseurs
des Droits de l'homme ont défendu une poignée de
criminels.

N'est-ce au demeurant qu'une hypothèse ? Elle
repose, après tout, sur des éléments bien plus solides
que la théorie développée par l'éminent substitut Colcombet, futur élu socialiste, qui s'inquiétait d'une éventuelle origine délictueuse du financement, en 1974, de
la campagne giscardienne par le gang des Lyonnais.
Dans le cas qui nous intéresse, qu'il s'agisse des Gari ou
des leaders d'Action directe, les uns comme les autres
surent nouer des relations politiques mais parfois aussi
très personnelles avec de nombreux dirigeants du Parti
socialiste, négociant une trêve par-ci, une mutation par-
là, une très large amnistie et encore de multiples règlements amiables dans maints dossiers délicats, tels
qu'enlèvements, tentatives de meurtre contre des fonctionnaires de police, attentats à l'explosif, chantage et
j'en passe...

Tout cela est très certainement étranger aux sommes
colossales ayant transité entre les mains de l'« Organisation » au cours d'une période qui encadre très étroite-
ment l'élection de François Mitterrand, mais qui peut
en jurer ? Lionel Jospin ? Roland Dumas ?

Il est une chose dont je puis attester : si Me Comte,
au nom des Irlandais, a engagé des poursuites au
motif que j'aurais déposé des armes dans l'appartement qu'ils occupaient, il n'a jamais fait beaucoup de
publicité sur les documents que, *de facto,* je suis aussi
censé avoir apporté dans ma besace à Vincennes. Je
pense notamment à un lot de cartes d'identité françaises, vierges, découvertes lors de la perquisition et

qui provenaient d'un lot identique à celles retrouvées lors d'un certain hold-up commis trois ans plus tôt à Condé-sur-l'Escaut.

Fortiche, ce Barril, il pense décidément à tout. Il a même pensé à relire le procès-verbal d'audition de Michel Delebarre, ancien directeur de cabinet de Pierre Mauroy à l'hôtel Matignon. Delebarre avait autorité sur les écoutes et c'est à ce titre qu'il fut interrogé, en 1997, par le juge Valat. En particulier sur les écoutes dont furent la cible certains avocats :

Le juge : — Vous venez de me dire que la mise sur écoutes de Jacques Vergès avait fait l'objet de discussions. S'agit-il de discussions entre le Premier ministre et vous ?

Réponse : — Il s'agissait de discussions entre ma conscience et moi.

Le juge : — Quel est le service qui l'a mis sur écoutes ?

Réponse : — Je n'en ai aucun souvenir et je n'ai pas moyen de le retrouver car une telle écoute était susceptible d'intéresser beaucoup de services.

Le juge : — Le général Gervais m'a indiqué qu'il avait rencontré une première difficulté avec la cellule élyséenne, vraisemblablement pour Mᵉ Comte. Il vous en aurait parlé avec Louis Joinet ?

Réponse : — Je n'ai pas souvenir de cela. C'est Louis *Joinet* qui suivait l'affaire des Irlandais de Vincennes au cabinet. Il a peut-être de meilleurs souvenirs que moi.

Quant à moi, j'ignorais que c'était l'homme qui aurait aimé être Lucio Urtubia-Jimenez qui traitait, au gouvernement, du dossier des Irlandais !

Chapitre 10

Les secrets occultés du dossier Barbie

« Action directe contre Klaus Barbie » : racoleur, le titre claque comme celui d'une série Z du roman policier. À la limite du mauvais goût. Les terroristes d'Action directe mercenaires du gouvernement socialiste ? L'hypothèse, cette fois, relève du scandale politique.

Et pourtant ! Ce n'est pas le capitaine Barril qui aura allumé la mèche d'une révélation qui donne le vertige mais la si peu médiatisée biographie de Lucio Urtubia par Bernard Thomas. Nous sommes à l'été 1982. Quelques semaines plus tôt, en mai, Lucio a été condamné à treize mois de prison ferme, cette fois pour une sombre affaire de faux passeports. Une « erreur » qui sera vite rectifiée après que « l'avocat Fagart eut le loisir d'expliquer au magistrat Joinet la personnalité de son client et le sens de [son] combat ». Je cite !

C'est Liber Forti, figure du syndicalisme en Amérique latine et « secrétaire culturel » de la centrale ouvrière bolivienne, « contraint à l'exil après un putsch raté », qui a mis en contact le haut magistrat socialiste et le faussaire. Louis Joinet est très impliqué dans le soutien juridique à de multiples mouvements révolutionnaires en Amérique du Sud. Ancien conseiller de Salvador Allende, il a notamment été sollicité par les Monteneros, organisation terroriste argentine en quête de

« reconnaissance internationale », si j'en crois Charles Villeneuve et Jean-Pierre Péret dans *Histoire secrète du terrorisme*.

Un combat courageux. À défaut de reconnaissance juridique, les Monteneros disposaient déjà d'une certaine notoriété médiatique. En octobre 1977, au lendemain de l'enlèvement et du meurtre par la bande à Baader d'Hans-Martin Schleyer, le patron des patrons allemands, l'organisation avait tenu à faire connaître son sentiment sur cet assassinat : « Nous considérons l'exécution du misérable et corrompu Schleyer comme un acte de justice révolutionnaire et nous nous sentons pleinement d'accord avec nos frères en lutte pour la libération de leurs peuples. » Passons.

En ce printemps 1982, la justice socialiste a, selon Bernard Thomas, besoin de bras et cède à la tentation d'aller les recruter dans le milieu terroriste, dans le cadre d'une opération qu'on qualifierait aujourd'hui de « police internationale ». Liber Forti, « le ventre creux, sans un radis », serait, selon le journaliste du *Canard enchaîné*, souvent consulté sur les dossiers d'Amérique du Sud par le gouvernement socialiste de Pierre Mauroy : « Ensemble, avec l'appoint de quelques activistes, ils couvent un projet qui n'a rien de chimérique : enlever à La Paz, en Bolivie, le tortionnaire nazi Klaus Barbie. (…) Tout est prêt. Les contacts et les billets d'avion sont pris. Seul l'attentat de la rue des Rosiers, le 9 août 1982, avec lequel personne d'entre eux n'a rien à voir, en provoquant l'arrestation de deux des conjurés, leur fera annuler l'opération. »

Mesurons la portée de l'affirmation : le gouvernement Mauroy aurait approuvé, voire encouragé, un projet d'enlèvement de Klaus Barbie mené par le terroriste Jean-Marc Rouillan, son camarade pilleur de banque Régis Schleicher (les deux conjurés sont nommément cités), le faussaire de dimension internationale Lucio

Urtubia et peut-être quelques autres... À première vue, ce projet paraît invraisemblable, mais il n'a jamais, à ma connaissance, été démenti ou même simplement commenté. Et, après tout, il y a des précédents.

Pour ne remonter qu'à la guerre d'Algérie, les services spéciaux eurent parfois recours aux hommes du milieu pour combattre, par des méthodes radicales, d'abord le FLN puis l'OAS. L'exemple le plus souvent cité est celui de Jo Attia, figure du « mitan », extrait discrètement de sa prison afin de prêter la main à l'enlèvement, à Munich, du colonel Argoud, l'une des « têtes » de l'OAS. C'est d'ailleurs au cours de cette période qu'est né le terme de barbouze, expression qui, depuis, fait le bonheur de la gauche et de générations de journalistes qui en usent pour vilipender les partis de droite. François Mitterrand lui-même ne craignait pas, en 1964, de dénoncer avec férocité « le cabinet de l'Élysée, le cabinet du ministre de l'Intérieur, certains services du SDECE, les réseaux parallèles "barbouzes" et le commando des provocateurs spécialisés dans l' "affaire politique" constituant le fer de lance de l'armée policière qui campe insolemment sur ce territoire conquis : la France ». L'auteur du *Coup d'État permanent* poursuivait, à propos de la police du régime : « Investie de la confiance du maître, mobilisée en permanence, son œil de cyclope fouille tous les recoins, semblable à ce phare des miradors allemands qui balayait la nuit des camps de honte et de misère. La masse des citoyens, favorables ou non au régime, est placée sous surveillance ou, comme disent les spécialistes, "conditionnée", et apprend, jour après jour, à contenir ses impulsions. »

Quelques mois d'exercice du pouvoir suprême suffiront au président Mitterrand pour libérer ses propres « impulsions ». Ce n'est pas son « œil de cyclope » mais ses « grandes oreilles » qui espionnent la vie privée de ses concitoyens, adversaires ou amis politiques, à une échelle encore jamais constatée dans un régime démocratique. Si, à l'exception notable de Danielle Mitterrand, la réalité des écoutes téléphoniques de l'Élysée n'est plus sérieusement contestée, l'hypothèse de l'existence d'un corps de « barbouzes » de gauche n'a, elle, encore jamais été évoquée.

C'est pourtant bien ce à quoi nous renvoient les révélations, même brièvement exposées, du biographe de Lucio Urtubia. Je ne vais pas m'étendre sur la « légitimité politique » d'une telle opération. Selon le journaliste lyonnais Pierre Merindol, des « résistants très motivés » (qu'il ne cite pas dans *Le sang et l'encre*) auraient même pris contact avec le milieu et Jean Augé, dit « petit Jeannot », ancien maquisard devenu truand, pour liquider Barbie en Amérique du Sud. Mais une opération punitive lancée par des particuliers n'engage pas l'État. Criminel de guerre, criminel contre l'humanité ou pas, un État de droit comme la France peut-il se permettre de recourir publiquement aux services de terroristes patentés tels que Rouillan et Schleicher pour s'emparer de l'ancien chef de la Gestapo de Lyon et le remettre à la justice ? Évidemment, non ! C'est bien pourquoi ce projet est demeuré secret, partagé des seuls initiés de Matignon et de l'organisation terroriste. Voilà qui renseigne utilement sur le degré d'intimité pouvant unir les uns et les autres en 1982.

Il convient de mesurer la complexité d'une telle opération. En 1982, Barbie dispose encore en Bolivie de nombreux soutiens. Ancien officier de renseignements de l'armée bolivienne, il fréquente des policiers, est impliqué dans divers trafics, de drogue notamment, rend des services et graisse des pattes... une position qui complique la réalisation d'un « coup de main ». Un enlèvement suivi d'une exfiltration relève de la compétence de services spéciaux et nécessite une logistique considérable. Là aussi, il existe des exemples. Assez peu nombreux. Argoud, déjà cité, ramené de Munich à Paris avec le support du SDECE, l'enlèvement d'Eichmann par le Mossad, l'exfiltration de Carlos du Soudan par les services secrets français. En précisant que, dans ce dernier cas, les autorités soudanaises avaient, elles-mêmes, livré le « colis » aux agents français.

Abattre Barbie à La Paz, au coin d'une rue, est certainement à la portée d'un groupe tel qu'Action directe. Le ramener sain et sauf en France sans le soutien de l'État ne l'est pas. Même avec le renfort d'un syndicaliste bolivien « sans un radis » tel que Liber Forti.

Encore une fois, ce n'est pas moi qui affirme que Rouillan, Schleicher et Urtubia furent sollicités, encouragés à travailler dans le plus grand secret, en accord avec Matignon, à ce projet. C'est un journaliste du *Canard enchaîné* qui a pignon sur rue et a bénéficié notamment des confidences d'un des plus hauts magistrats français. L'équipe d'Action directe a-t-elle été associée avant ou après cet épisode à d'autres missions confidentielles ? Des opérations de financements ? D'autres, encore plus délicates ? Il est devenu légitime de poser ces questions.

Alors que « tout est prêt », que « les billets sont pris », l'opération Barbie est brusquement annulée, le 9 août 1982, pour cause d'attentat à Paris rue des Rosiers. Le « boucher de Lyon » pouvait-il, en effet, être « puni » par les membres d'une organisation qui, publiquement, refusaient de se désolidariser d'un massacre au cœur du quartier juif de la capitale ?

En cet été 1982, le cas Klaus Barbie semble être un sujet de préoccupation jusque dans l'antichambre du président de la République. Jacques Attali, à la date du 3 août 1982, rapporte dans *Verbatim* : « Klarsfeld vient rappeler à Régis Debray qu'ensemble ils avaient tenté d'enlever Barbie. » Singulier télescopage dans le temps et l'espace de la mémoire d'Attali.

Je note que Debray ne travaille pas à Matignon mais à l'Élysée. Il y est chargé de mission. Sa grande affaire est l'Amérique latine, la Révolution, Cuba et la Bolivie. Est-il nécessaire de rappeler les états de service du guérillero germano-pratin ? Compagnon de maquis d'Ernesto Che Guevera, Debray, alias Danton, est arrêté en avril 1967 par l'armée bolivienne. Quelques jours plus tard, encerclé, le Che trouve la mort au cours d'une fusillade. Debray a-t-il parlé ? La polémique dure depuis trente ans et resurgit périodiquement. Les attaques les plus dures ne viennent pas toujours d'où l'on croit. Quand un Jacques Vergès, défenseur de Barbie, se borne à observer, narquois, que « si on relit les Mémoires du Che, si on écoute les confidences des officiers qui l'ont arrêté et interrogé, Régis Debray n'apparaît pas sous les traits de Richard Cœur de Lion », *Libération*, le 23 janvier 2001, sort l'artillerie lourde et interpelle crûment ses lecteurs : « Régis Debray a-t-il donné le Che ? » avant de laisser la parole à l'unique survivant qui, dans un fulgurant retour de mémoire, affirme que oui. Les règlements de comptes au sein des anciens de l'ultra-gauche ne sont pas tendres. On mesurera l'impatience de *Libération* à en découdre avec « Danton » à ce petit encadré publié quarante-huit heures plus tard : « Nous avions, en vain, cherché toute la journée à obtenir, avant publication, la réaction de Régis Debray lui-même à l'enquête des journalistes suédois. Nous lui avons faxé l'article de notre correspondant à sa demande et nous lui avons laissé plusieurs messages. Sans résultat. » Sur une affaire vieille de trente ans, le malheureux Debray n'a pas même obtenu vingt-quatre heures de grâce pour répondre aux accusations portées contre lui dans un journal suédois. Sans doute a-t-il payé, à cette occasion, ses prises de position lors de la guerre contre la Serbie et son refus de se ranger sous la bannière de l'OTAN.

Les secrets occultés du dossier Barbie

Sur ce point, Régis Debray n'a pas rompu avec ses idéaux de jeunesse. Il combat toujours l'impérialisme américain. Une position qui aurait pu permettre notre cohabitation à l'Élysée car, en 1982, nous étions pour ainsi dire « collègues de travail ». Il n'en fut rien. Pour avoir été chargé de cornaquer, lors de ses séjours à Paris, un opposant au régime de Jean-Claude Duvalier, président à vie d'Haïti et dictateur célèbre pour sa corruption et ses « Tontons Macoutes », j'avais déclenché la fureur du « conseiller culturel » du président de la République. Je commettais un délit de « lèse-Régis » en m'introduisant dans la zone Caraïbes et l'Amérique du Sud, sa chasse gardée. Ces opposants, il est vrai, présentaient une tare indélébile : ils n'étaient pas marxistes, ils n'avaient pas d'ordre de mission du *Lider maximo*, le camarade Fidel Castro. Cette « affaire » sera présentée, ultérieurement, comme la « preuve » que le capitaine Barril préparait — seul, dans son coin — un coup d'État ! Je fus même entendu par la justice. Pas longtemps. Lorsque j'expliquai que les « conjurés » préparaient effectivement le renversement de Duvalier mais qu'ils en avaient exposé les détails rue de Solférino, au siège du Parti socialiste, et qu'ils avaient été reçus par quelques huiles du pouvoir, on cessa rapidement de m'interroger.

Régis Debray devait, naturellement, se trouver aux avant-postes de l'affaire des Irlandais. Le 20 avril 1984, il adresse un « confidentiel » au Président résumant ce qu'il sait — ou croit savoir — de ce dossier[1]. Les années ont passé mais l'émotion est pour moi toujours aussi intense à chaque nouvelle lecture de cette invraisemblable correspondance. Tout y est en effet. Les passages soulignés dans le texte le sont par moi.

1. Voir aussi *Guerres secrètes à l'Élysée, op. cit.*

Paris, le 20 avril 1984

NOTE

OBJET : La pièce manquante dans l'« affaire des Irlandais »

J'ai rencontré M. Bernard Jégat hier. Il me paraît bien être le seul témoin capital et se déclare prêt à faire crever l'abcès, dût-il aller lui-même en prison. *Cette clarification aurait l'avantage de mettre clairement le commandant Prouteau hors de cause et d'authentifier l'extrême importance de l'affaire des Irlandais, lamentablement saccagée par le capitaine Barril.*

Je peux attester moi-même la bonne foi de Jégat puisqu'il était venu m'exposer, le 1ᵉʳ juin 1981, ses activités afin de se mettre en règle, par loyauté et attachement envers la gauche et, en particulier, envers le Président. *Je l'avais éconduit, le prenant pour un provocateur.*

C'est au lendemain de l'attentat de la rue des Rosiers, le 9 août 1982, *qu'au vu des portraits robots publiés dans France-Soir, où il reconnaît certains de ses contacts,* qu'il cherche désespérément à entrer en relation avec l'Élysée. Il appelle mon secrétariat, mais je suis alors en mission aux États-Unis. Il va ensuite voir Jean Daniel en tant qu'« ami du Président ». Ce dernier, de fil en aiguille, le met en contact avec le capitaine Barril, le mardi 24 août, auquel il livre tout. D'où l'arrestation des Irlandais les jours suivants.

Après quoi, il est abandonné pendant un an à son sort, essayant vainement de contacter le commandant Prouteau, ce que refuse Barril. Ce n'est qu'en septembre 1983 qu'il obtient le commandant Prouteau au téléphone, lequel l'oriente *sur l'un de ses collaborateurs qui prendra attentivement soin de lui.*

Bernard Jégat est un journaliste pigiste très émotif, instable mais d'une grande culture et d'une droiture certaine. *C'est vraiment l'« idéaliste de gauche » pris au piège et désireux de s'en sortir. Il a été mis par Plunkett en rapport avec des Allemands, des Italiens et indirectement avec des extrémistes palestiniens. Il a participé, à distance, à un attentat en RFA. Il a la conviction intime, ainsi qu'un faisceau de présomption, que ses amis irlandais ont servi de base logistique (voitures, passeports, contacts, armes) dans l'attentat de la rue des Rosiers, mais il n'en a pas la preuve matérielle, là est la difficulté.*

Bernard Jégat se sent aujourd'hui menacé de mort par ses anciens amis. Il demande les moyens de déménager rapidement, un permis de port d'arme et *une orientation sur la conduite à tenir* (doit-il oui ou non aller chez le juge d'instruction ?) Il me remettra dans une quinzaine de jours un rapport écrit détaillé *sur tout ce qu'il a vu, vécu et entendu entre 1979 et 1982 dans son réseau terroriste, qu'il croyait au départ, mais à tort, purement de soutien à la cause irlandaise.*

Je dois dîner mardi soir avec le commandant Prouteau et Mᵉ Kiejman (que Jégat a pris pour avocat).

Ce personnage me *demande instamment des conseils sur la conduite à tenir.* Que puis-je lui répondre, directement ou non.

Régis Debray

Des conseils, Jégat ne va pas en manquer. Je ne vais pas commenter ce morceau d'anthologie, il parle de lui-même. Une seule remarque : qu'est-ce que cette République qui laisse des terroristes, auxquels elle a accordé l'asile politique, menacer impunément de mort un « idéaliste de gauche » ?

Le guérillero idéaliste de gauche Régis Debray a effectué, lui, trois ans de prison sur les trente années auxquelles il avait été condamné en Bolivie. Durant sa détention, son appartement parisien ne resta pas inoccupé. Un certain Andreas Baader, futur fondateur de la Rote Armee Fraktion, vint y poser ses guêtres. Baader était alors en cavale et recherché pour l'incendie criminel de deux grands magasins à Franckfort. Daniel Cohn-Bendit et un futur rédacteur en chef de *Libération* se sont chargés de lui trouver un toit. Du fond de son

cachot bolivien, Debray ignore la présence du sous-loca-
taire.

Gracié et libéré en octobre 1970, on le retrouve au
Chili, aux côtés de Salvador Allende qui tente d'impo-
ser la première « démocratie socialiste » sur le conti-
nent américain. Une grève des camionneurs, suivie du
coup d'État du général Pinochet en 1973, signe la fin
de l'aventure. De l'expérience Allende, Debray et ses
camarades rapportent en France le syndrome du même
nom. En arrivant aux affaires en 1981, les révolutionnaires professionnels entretiennent la psychose du coup
d'État par des « revanchards de droite ». Bientôt la sécurité de l'ancien compagnon de Che Guevara devra être
assurée par les gendarmes de l'Élysée. Encore une
affaire d'État ! De mémoire, je crois que l'on redoutait
alors que Régis ne soit enlevé... par Jean-Edern Hallier ! Les mesures qui s'imposent sont donc rapidement
prises.

Présidence de la République   *Le 10 mai 1984*
                                      N° 58/2
Le Conseiller Technique

NOTE

à l'attention de Monsieur le Président de la République

OBJET : Sécurité de M. Debray.

À la demande de M. le secrétaire général et avec
l'accord de M. Debray, compte tenu des informations alar-
mantes concernant sa sécurité, j'ai demandé à M. le ministre de la Défense de mettre en place un élément de
protection du GIGN ; tout ceci a été fait le plus discrètement possible.

Or, quelle n'a pas été ma surprise d'apprendre que
M. Charles Villeneuve, journaliste à Europe n° 1, a cher-

ché à se renseigner auprès du commandant du GIGN sur la sécurité de M. Debray. Il possédait des détails très précis et n'a pas caché qu'il les tenait de M. Yvan Levaï.

Il va sans dire que des révélations sur des menaces pesant sur M. Debray comportent un double danger : attirer l'attention sur lui et intéresser les médias avec tout ce que cela comporte. J'ai fait le nécessaire pour que Charles Villeneuve soit dissuadé d'utiliser ce scoop. Néanmoins, il sera peut-être maintenant difficile de maintenir cette mission aussi discrètement qu'elle l'était au départ.

Le chef d'escadron Prouteau

Cette paranoïa ambiante permettra de transformer un personnage aussi insignifiant qu'Érulin, ancien parachutiste reconverti en responsable des services d'ordre giscardiens, en ennemi public n° 1. Le Gam mobilisera tous ses moyens pour le neutraliser dans une chasse à l'homme à travers toute l'Europe et bien au-delà. Celui-ci menaçait-il réellement de renverser la République ? Son sort fut tranché au plus haut niveau de l'État, au cours d'une soirée au coin du feu dans une bergerie du côté de Latché. Fallait-il l'arrêter ou refroidir définitivement ses ardeurs de putschiste ? Érulin a bien failli devenir la première victime du syndrome Allende.

Dans ce contexte, la lutte anti-terroriste n'était pas la priorité des priorités. Surtout si les terroristes se réclamaient de l'extrême gauche. Ne constituaient-ils pas, au contraire, un vivier où puiser si l'urgence, l'état d'urgence même, l'imposait ? Régis Debray a-t-il sollicité Urtubia, Rouillan, Schleicher et d'autres pour enlever *Barbie* ? Rien ne permet de l'affirmer. On ne manquera pas d'être troublé par le faisceau de relations communes qui unissent alors Joinet, Debray, Urtubia, à Cuba, au Chili, en Bolivie et bien sûr à Paris, et l'intimité qu'ils entretiennent avec les milieux « révolutionnaires ». Il

195

n'en demeure pas moins que Debray fut avec Serge Klarsfeld le grand architecte de l'exfiltration de Klaus Barbie. Celle-ci n'intervint que grâce à une tractation de plusieurs mois avec le gouvernement bolivien où les relations personnelles de Debray avec le ministre de l'Intérieur jouèrent leur rôle.

Saluée unanimement ou presque, l'irruption brutale de ce fantôme tout droit sorti du passé sur la scène française va rapidement poser des problèmes qui n'avaient manifestement pas été envisagés. Qui va-t-on juger ? Le criminel contre l'humanité, auteur présumé de la déportation des enfants juifs d'Izieu ? L'assassin de Jean Moulin ? L'officier de renseignements toujours présumé détenir maints secrets sur la « collaboration » ou les « trahisons » de la Résistance ? Autant de questions auxquelles l'arrivée non programmée de Mᵉ Jacques Vergès dans le dossier donne une dimension cataclysmique. Initialement, c'est le bâtonnier de Lyon qui devait défendre Barbie. Le bâtonnier s'était plus ou moins commis d'office. Il s'était adjoint Robert Boyer, un avocat qui présente la particularité unique au sein du barreau d'être également un père jésuite. Autre signe particulier, il a effectué son stage chez Mᵉ Paul Bouchet, très proche de François Mitterrand puisque ce dernier lui confiera la présidence de la commission nationale de contrôle des interceptions de sécurité, autrement dit l'organisme chargé de veiller à ce que les écoutes téléphoniques réalisées sous l'autorité du gouvernement le soient dans le cadre de la loi. En dépit de sa vigilance, Paul Bouchet ne découvrira l'affaire des écoutes de l'Élysée qu'en lisant *Libération...*

Venu comme simple renfort, à la demande de Barbie, l'« avocat du diable » se retrouve rapidement seul et unique conseil du bourreau de Lyon. Fidèle à sa stratégie de « défense de rupture » mâtinée d'une dose de scandale, l'avocat annonce son intention de saisir l'occasion pour faire la lumière sur les circonstances de l'arrestation de Jean Moulin à Caluire en 1943. La vérité sur Jean Moulin, n'est-ce pas ce que tout le monde réclame depuis quarante ans ? oppose l'avocat aux voix de plus en plus nombreuses qui l'accusent de vouloir salir la Résistance. Robert Badinter, le garde des Sceaux, fixe les limites du procès : « Les seuls dossiers dont la cour aura à s'occuper, ce sont les actions menées contre les juifs par la police allemande. (...) Discuter de l'arrestation et de la mort de Jean Moulin c'est discuter de l'histoire réelle et diriger la lumière sur des événements obscurs. »

Quarante-quatre ans après les faits, en mai 1987, le parquet, simultanément à l'ouverture du procès Barbie, décide d'accepter plusieurs constitutions de partie civile dans l'affaire de Caluire. Pour la première fois, la justice va se pencher sur les circonstances qui ont entouré l'arrestation du patron de la Résistance. Fureur de Vergès qui n'y voit qu'une manœuvre, une manipulation destinée à lui interdire d'évoquer l'affaire Moulin au motif qu'une instruction est désormais ouverte. Dans *Le Salaud lumineux*, publié en 1990, après le verdict, Jacques Vergès revient sur cette instruction : « Il y a plus de trois ans qu'elle est en cours. Je ne dévoile pas les secrets de cette instruction mais le juge a envoyé des commissions rogatoires partout. C'est en fait la première instruction sérieuse dans le procès Barbie. Le juge est chargé d'instruire une affaire qui peut paraître assez réduite — l'arrestation de neuf personnes à Caluire —, mais qui demeure d'une grande importance historique et symbolique. Il s'est fait transmettre des documents confidentiels du BCRA, l'ancêtre de la DGSE, à Londres, avec les interrogatoires des résistants quand ils quittaient la France pour l'Angleterre. On peut contrôler leurs déclarations... » Et Vergès d'ajouter qu'un jour il demandera des comptes...

Un optimisme qui ne cadre pas avec ce que j'ai eu à connaître de cette affaire. Jacques Vergès ignore manifestement que les fameuses archives secrètes du BCRA ont été minutieusement épurées avant d'être transmises au juge et qu'en conséquence aucune « vérité » définitive ne peut sortir de l'instruction judiciaire. Secret Défense oblige.

C'est en décembre 1983 que le gouvernement socialiste, plus précisément le ministre de la Défense Charles Hernu, s'est préoccupé, sous l'autorité directe de François Mitterrand, de faire remonter en toute hâte les archives de la DGSE sur l'affaire Barbie et les activités de la Gestapo à Lyon en général. En tout, quatre cartons et une synthèse historique, soit environ 280 dossiers explosifs qui, semble-t-il, dormaient depuis quarante ans sans jamais avoir été exploités. Certes, le juge Riss, qui instruit le dossier Barbie, a demandé les archives en rapport avec son dossier mais là n'est pas l'origine du vent de panique qui a semblé souffler au sommet de l'État. Par des moyens dont nous ignorons la nature exacte mais qu'il n'est pas trop difficile d'imaginer, le pouvoir a appris que Vergès allait entrer dans la défense. Se pose aussitôt la question de savoir ce qu'il pourrait découvrir. Tous les documents entreposés dans les archives des services secrets relèvent du « secret Défense » et seul le grand patron de la DGSE dispose de l'autorité suffisante pour les faire sortir. C'est d'ailleurs la signature de l'amiral Pierre Lacoste qui figure sur le « bordereau d'envoi extérieur » en date du 16 décembre 1983 permettant que les cartons soient remis en main propre à leur destinataire le même jour, comme l'atteste de nouveau la signature figurant sous la mention « émargement du destinataire » : Charles Hernu.

C'est au début du mois que Charles Hernu a envoyé à la DGSE l'un de ses collaborateurs, le conseiller tech-

198

nique Olivier Renard-Payen. Il est chargé d'effectuer un premier sondage parmi ces documents. Cette exploration fait l'objet d'une note confidentielle rédigée par Charles Hernu à l'attention de François Mitterrand. Le ministre rappelle que « la communication de ces archives est demandée par le juge d'instruction Riss », mais « que les pièces qui lui seraient transmises devraient être versées au dossier et, par conséquent, communiquées à l'avocat de Barbie ». Or, souligne Hernu, ces cartons recèlent des « informations très dangereuses [et] il est difficile, en l'absence de véritable "expert de la Résistance", de mesurer le degré de nocivité de certaines pièces ».

Pour illustrer cette difficulté, le ministre évoque quelques exemples qui ont déjà attiré l'attention de son conseiller, exemples qu'Hernu qualifient de « symptomatiques » :

« Sur une liste, figure M. Bérard-Quelin, présenté comme un agent de renseignements français de la Gestapo à Paris.

Sur un autre document, des services de la RFA, datant de 1960, il est dit que Barbie supprimait de sa propre main les agents français travaillant pour l'Allemagne qui ne lui étaient plus utiles. Or, dans le même alinéa, il est indiqué que Max Barel, fils de Virgile Barel, a été tué par Barbie, ce qui laisse planer une équivoque susceptible d'être exploitée par l'avocat.

Dans un rapport des services français en Allemagne après la Libération concernant Mitelwitz, adjoint de Barbie, il est dit : "Personnage à ménager, car il nous rend des services."

M. Renard-Payen dit au colonel Singlant que, pour l'instant, il n'était pas question de communiquer la moindre pièce à l'avocat et que des instructions seraient données ultérieurement à l'amiral Lacoste. »

Ces instructions, nous les connaissons. Même la DGSE ne paraît plus un endroit assez sûr pour conserver ces documents. Ordre est donc donné de les transférer au ministère. Une semaine avant que ce transfert ne soit effectif, le 9 décembre, le cabinet du ministre adresse une nouvelle note, plus complète, à Charles Hernu sur ce que contiennent ces archives. Je la cite en ne mentionnant pas, volontairement, certains noms propres puisqu'en ce qui me concerne, je ne dispose d'aucun autre élément d'appréciation sur le rôle que ces personnes ont pu jouer durant l'Occupation.

OBJET : Archives sur l'affaire Barbie et la Gestapo de Lyon détenues par la DGSE (provenant du BCRA : Bureau central de renseignement et d'action : Services spéciaux rattachés à l'état-major particulier du général de Gaulle).

Je suis retourné à la DGSE hier et ai pu examiner une bonne partie des archives (après élimination de ce qui ne concernait pas directement le sujet, il reste quatre cartons, d'un poids total de 3 ou 4 kg).

Parmi les agents français ayant travaillé pour les services de renseignements allemands, je n'ai relevé que trois nouveaux noms particulièrement marquants :

Mme ..., avec les précisions suivantes : « Veuve d'un député communiste ; a travaillé pour la SD en France, maîtresse d'un Allemand qu'elle avait suivi en Allemagne ; avait la réputation d'un agent de très grande classe ; 40 à 50 ans ; bien conservée. »

Abbé... : « 28-30 ans ; 1,70 m ; agent de la SD Lyon au service de Kampf (adjoint de Barbie), cheveux noirs ; corpulence moyenne ; portait un béret basque ».

(Ce n'est peut-être pas le célèbre abbé, mais celui-ci était de Lyon, et l'âge concorde... il y a là, à tout le moins, une équivoque que Me Vergès ne manquerait pas d'exploiter.)

Les noms de Mme... et de l'abbé... sont cités dans la procédure suivie à la Libération contre Lecussan, officier de marine français, qui a participé à l'exécution de Victor Basch.

Il y a, par ailleurs, beaucoup d'autres noms d'agents connus (poursuivis, condamnés, exécutés après la Libération).

Enfin l'aviateur Costes est mentionné sur une liste comme un agent de renseignements des Allemands en matière militaire, particulièrement vénal.

Diverses pièces font état de la culpabilité d'Hardy et d'une tentative d'empoisonnement effectuée à son encontre par Mme Aubrac.

Il est également indiqué que le lieutenant Aubry, secrétaire général de l'Armée secrète (arrêté lors de la réunion chez le Dr Dugougeon), a dit aux Allemands tout ce qu'il savait pour éviter la torture.

Enfin, à propos de l'interrogatoire de Barbie en 1948 par la Sûreté française, il est précisé que « l'entrevue avec Barbie a été facilitée au maximum par les services américains » et qu'il faut leur faire connaître que *leur agent*[1] ne sera plus contacté.

Le colonel Singlant m'a indiqué qu'en dehors de la DGSE, il pouvait exister des archives sur Barbie à la DST, aux RG, et à la DGGN ou dans des dépôts privés constitués par les chefs de réseau (en ce qui concerne ces derniers, il pense qu'ils ne livreront pas spontanément les pièces qu'ils détiennent, sauf comme moyen de défense s'ils sont mis en cause).

Les cartons pourront être acheminés sans problème soit à la Défense, soit à l'Élysée, si ce transfert est ordonné. J'ai redit au colonel Singlant que rien ne devait sortir sans instructions formelles.

Ma conclusion est que l'on devrait pouvoir sélectionner (avec précaution) un certain nombre de pièces susceptibles d'être communiquées, si l'on estime politiquement nécessaire de ne pas opposer au juge d'instruction un refus total.

----

1. Souligné dans le texte (*N.d.T*).

Singulière conclusion du cabinet du ministre de la Défense. Dans le cadre d'un procès au retentissement international et qui prétend édifier les générations futures, il prend sur lui de suggérer non seulement de soustraire des pièces que la justice réclame mais, plus grave éventuellement, d'en sélectionner « avec précaution » quelques-unes que l'on communiquerait. Sur quels critères ? Affinités personnelles, politiques ? Si un « refus total » peut se concevoir d'un point de vue moral afin, selon l'expression d'Attali, de « ne pas remuer la boue du passé », la distribution, concoctée dans on ne sait quelles chambres secrètes, de pièces au gré des opportunités politiques est inacceptable. Car, dans cette affaire, il ne faut pas se tromper : l'angélisme n'existe pas. Ce n'est plus du sort de Klaus Barbie qu'il est question. Personne ne songe — pas même son défenseur — qu'il puisse être blanchi. Ce qui importe, c'est de protéger des personnalités de premier plan de la vie politique française.

Bérard-Quelin, dont le nom apparaît de manière allusive et sans le moindre élément de justification, permet de mesurer en quoi la diffusion éventuelle de ces pièces affolait le pouvoir. Quasiment inconnu du public, Georges Bérard-Quelin a pourtant été, après la Libération et jusqu'à sa mort en 1990, l'un des hommes les plus influents de France.

Né à Villeurbanne en 1917, municipalité dont son ami Charles Hernu deviendra l'élu dans les années 70, Bérard-Quelin, dès son plus jeune âge, s'est consacré à la passion de sa vie : la presse, l'information et le pouvoir. Il n'a pas 17 ans lorsqu'il fait ses premiers pas de journaliste pour diverses publications de la région lyonnaise, 20 ans lorsqu'il fonde une minuscule agence d'information, la Correspondance de presse, première pierre de ce qui, bien des années plus tard, deviendra la Société générale de presse. Pendant l'Occupation, à côté d'autres activités journalistiques, il participe à la création, en 1943, du *Jacobin*, une feuille clandestine. Arrêté et incarcéré à Fresnes fin 1943, il fonde à la Libération avec quelques amis issus de la Résistance Le Siècle, un club dont l'ambition est de réunir les élites du pays. Membre du Parti radical, depuis 1936, et du Grand Orient, proche de Pierre Mendès France et de François Mitterrand auxquels il apporte son soutien, Georges Bérard-Quelin développe autour de la Société générale de presse une série de publications spécialisées et d'annuaires vendus très cher par abonnement. Ces publications diffusent une information haut de gamme destinée aux « décideurs ». Jacques Fauvet, ancien directeur du *Monde* et, bien entendu, membre du Siècle, a écrit de lui : « Homme d'influence, il était au courant de tout et informait discrètement les nombreux dirigeants qui le consultaient fréquemment. »

Son club, Le Siècle, a été fondé sur cette idée de consultations discrètes entre hommes qui ne peuvent pas toujours se rencontrer aisément sur la scène publique. Au chapitre des singularités du Siècle, l'extrême modicité de la cotisation. À l'inverse, un véritable parcours du combattant est imposé à ceux qui prétendent en devenir membres. On n'adhère d'ailleurs pas, l'unique voie d'accès étant la cooptation. Les examens de passage sont nombreux et variés. Le premier pas est l'invitation à l'un des dîners mensuels au cours duquel le candidat est « évalué ». La « proposition d'invitation » doit être présentée par deux parrains qui se portent garants de l'honorabilité du futur invité. La proposition est ensuite soumise au vote du conseil d'administration et la majorité absolue des voix est nécessaire pour obtenir le précieux sésame. L'ensemble de ces opérations fait l'objet de procès-verbaux soigneusement archivés. Cette étape franchie, reste à l'invité à subir l'épreuve du repas. Environ 350 convives participent au dîner mensuel. Tous ne reviendront pas. Ce repas n'est pas un banquet. Les dîneurs sont répartis en table de huit, chacune présidée par un chef de table dont l'une des tâches consiste à veiller à l'organisation générale de la discussion. Une autre est de fournir, au terme de la soirée, un « rapport d'évaluation » de l'invité. Sur la base de ce rapport, une nouvelle procédure amène le conseil d'administration à trancher : l'invité doit-il être à nouveau convié ? Au terme de bien des dîners, peut-être un jour se verra-il proposer d'adhérer au Siècle. S'il est difficile de cerner avec précision les critères objectifs de cooptation, la porte du Siècle resta longtemps close aux membres — déclarés — du Parti communiste et, d'une manière générale, aux adhérents de formations non démocratiques.

En résumé, il n'est pas exagéré d'affirmer que celui ou celle qui est admis au Siècle (ils sont environ 500) pénètre au cœur du pouvoir. Il bénéficie d'un extraordinaire outil relationnel qui rassemble les capitaines de la finance et de l'industrie et les poids lourds de la politique. Le monde de la presse y est aussi bien représenté.

Il n'est dès lors pas difficile de saisir en quoi l'exhumation des archives du BCRA en plein procès Barbie pouvait constituer une véritable bombe politique. L'histoire tranchera du rôle joué par les uns et par les autres. Je me borne, quant à moi, à demander : pourquoi le gouvernement socialiste a-t-il pris la décision de faire sortir clandestinement de la DGSE tous ces dossiers constitués d'originaux ?

L'une des solutions proposées au ministre par son conseiller technique était pourtant simple si l'on souhaitait éviter un déballage public devant l'opinion : refuser de transmettre.

Le président de la République a-t-il été tenu informé en détail par son ministre de la Défense ? C'est un sujet qui prête à discussion. Une note manuscrite de Charles Hernu le laisse penser, mais le mot a été rédigé tellement hâtivement qu'il ne paraît pas certain qu'il ait été transmis tel quel à François Mitterrand. En outre, un second document suggère que le chef de l'État aurait peut-être été tenu dans l'ignorance par son ministre de l'« emprunt » pendant plus de trois ans des sulfureux dossiers. Hypothèse hautement improbable selon moi.

Rédigée sur papier à en-tête du ministre de la Défense, en date du 12 décembre 1983, la note manuscrite de Charles Hernu porte en gros caractère « François Mitterrand ».

Hernu y expose la ligne de conduite qu'il juge souhaitable de suivre : « Dans ces dossiers, ce qui compte ce n'est pas la *"vérité"* mais l'*exploitation* qui peut être faite de ce qui est écrit. Tout sera mis sur la place publique. Il y a aussi des noms anodins qu'il faudrait faire examiner par des spécialistes Résistance (Noguères ? Lévy ?) car ils pourraient mener à d'autres noms. De plus, il n'y a pas de témoignages accablants contre Barbie et ceux qui témoigneront peuvent être accusés d'avoir été *"retournés"* [un mot illisible] par ex-agents des services français. »

Charles Hernu ne renonce pas tout à fait à affronter la « vérité » en suggérant au Président la poursuite d'investigations autour de ces « noms anodins » pouvant mener à « d'autres noms ».

Des recherches, croit-on comprendre, qui pourraient être confiées à des historiens sans doute éminents mais choisis de préférence par lui-même et le chef de l'État. Dans quel but ? Pas celui d'éclairer la justice, nous le savons.

L'un des historiens pressentis, Henri Noguères, ancien président la Ligue des Droits de l'homme, est également avocat. Il représente d'ailleurs l'une des deux parties civiles qui ont déposé plainte pour crime contre l'humanité contre Barbie dans l'affaire de Caluire, la plainte qui interdisait d'évoquer l'arrestation de Jean Moulin lors du procès Barbie. Or, par un étrange miracle, en décembre 1987 Me Henri Noguères découvre dans ses archives personnelles des documents qui mettent Barbie hors de cause. Un non-lieu s'impose donc ! « Nous assistons à un phénomène extravagant, commente ironiquement Me Vergès dans *Le Salaud lumineux* : « Un avocat découvrant dans ses documents personnels des pièces qui profitent à son adversaire et réduisent à néant la demande de son client ! J'ai remercié Me Henri Noguères pour cette aide exceptionnelle, mais je ne souhaite pas pour autant un non-lieu à la sauvette. Je veux une réparation éclatante, c'est-à-dire soit un non-lieu argumenté, soit un procès ! »

Me Jacques Vergès est un perpétuel insatisfait ; il devrait pourtant se réjouir car une seconde bonne nouvelle l'attend. L'autre partie civile a trouvé, elle aussi, des documents qui innocentent Barbie... Bref, la procédure qui a occulté un point essentiel du procès n'avait pas lieu d'être. Étrange.

Au même moment, la DGSE se réveille. Barbie a été condamné, le procès est terminé, il est temps pour le service de récupérer ses précieuses archives, la justice n'en a désormais plus l'utilité. Entre-temps, la majorité politique a changé. En mars 1986, les socialistes ont perdu les élections législatives. François Léotard brigue la Défense dans le gouvernement de Jacques Chirac. Refus de Mitterrand qui juge que le maire de Fréjus n'est pas encore assez « mûr ». C'est finalement André Giraud qui hérite des clés de l'hôtel de Brienne. Comme chacun sait, la cohabitation entre Jacques Chirac et François Mitterrand fut musclée. Cette courte note adressée au chef de l'État par Christian Prouteau illustre dans quel état d'esprit on s'y prépare au Château.

Présidence de la République   *Le 6 mars 1986*
                                                  N° 28/2
Le Conseiller Technique

NOTE

à l'attention de Monsieur le Président de la République

OBJET : Conseils sur le téléphone.

Après le 16 mars, dans l'hypothèse d'un changement de majorité et de la désignation d'un ministre de l'Intérieur qui ne nous serait pas favorable, il sera important de se méfier de l'utilisation du téléphone du réseau interministériel.

En effet, le central de ce réseau se trouve au ministère de l'Intérieur et il est extrêmement facile, sans que personne ne s'en rende compte et puisse le déceler, d'effectuer, à partir du répartiteur, des branchements.

Christian Prouteau

Le changement de majorité est aussi l'occasion de suivre les évolutions de carrière. Celle d'Olivier Renard-Payen a connu une accélération foudroyante. Modeste conseiller technique au ministère de la Défense en 1983, il a été bombardé directeur de la gendarmerie, un poste sensible, attribué à un fonctionnaire de toute confiance. Son départ programmé pour cause d'alternance n'est pas traité comme une petite affaire.

Le 3 novembre 1986
N° 144/2

Le Conseiller Technique

NOTE

à l'attention de Monsieur le Président de la République

OBJET : Remplacement de Monsieur le Directeur Général de la Gendarmerie.

Le départ de M. Renard-Payen est envisagé... De ce fait, côté gouvernemental, se pose le problème de son remplacement, car les candidats sont nombreux. Il est indispensable pour nous qu'il y ait à ce poste un homme sur lequel nous pouvons compter. Afin qu'il puisse malgré tout ne pas être suspecté de sympathie à l'égard de la présidence, il est essentiel de connaître, parmi les candidats qui pourront être retenus par le gouvernement, le nom de celui qui nous aidera le mieux. (...)

Quatre mois plus tard, Renard-Payen est toujours en poste, le Président et le gouvernement tardant à trouver un accord sur le nom de son successeur.

Le 23 mars 1987
N° 39/2

Le Conseiller Technique

NOTE

à l'attention de Monsieur le Président de la République

OBJET : Remplacement de M. Renard-Payen.

Je viens d'apprendre que M. Giraud vous a proposé le remplacement de M. Renard-Payen et que le choix, qui vous est donné, est limité à deux noms.

Il y a quelque temps déjà, je vous avais suggéré le nom de M. Léger qui, d'après mes renseignements, n'aurait du moins, pour quelques personnes de l'entourage de M. Chirac, pas posé de problèmes. De plus, nous pouvions être assurés de sa neutralité bienveillante. Malheureusement, M. Sadon ne semble pas le porter dans son cœur. C'est sans doute les raisons qui ont fait qu'il ne vous ait pas été proposé.

Je me suis entretenu avec Mme Burguburu et M. Ménage, qui pensent comme moi que le choix qui vous est offert est trop étroit, pour que l'on puisse y voir autre chose que l'imposition de deux candidats, où vous êtes contraint d'accepter le moins engagé des deux. Le Conseil des ministres étant mercredi, il n'est peut-être plus temps de contourner l'obstacle, mais il est quand même dommage qu'un des derniers postes importants nous échappe, d'autant qu'une fois de plus, c'est l'influence de M. Peyrefitte qui l'emporte...

Début décembre 1987, Alain Frouté, directeur de l'administration générale de la DGSE, réclame la restitution de ses quatre cartons d'archives. À qui s'adresse l'homme des services secrets ? Avec ce qui apparaît comme beaucoup d'innocence, à la cour d'assises de Lyon ! Ce que lui vaut, le 22 décembre, d'obtenir par retour du courrier la réponse suivante :

Monsieur le Directeur,

En réponse à votre lettre du 8 décembre 1987, j'ai l'honneur de vous faire connaître que le dossier constitué par vos services pour les besoins de l'instruction du procès Barbie n'a jamais été remis à M. Riss, juge d'instruction, ainsi que ce dernier me l'a confirmé.

Je ne suis donc pas en mesure de vous restituer des documents qui n'ont jamais été joints au dossier.

Le Procureur général

Singulier quiproquo. Personne à la DGSE ne semble non seulement savoir où sont passés les précieux documents, composés exclusivement — je le rappelle — d'originaux, mais de plus on ne se souvient pas non plus des consignes données à l'époque : ordre formel de ne rien transmettre à la justice, tout chez le ministre ! Manifestement, le passage des consignes a été défaillant. C'est d'autant plus curieux que ce transfert ne s'est pas fait à la sauvette entre subalternes mais au plus haut niveau, celui de l'amiral Lacoste.

Le 6 janvier 1988, le ministre de la Défense est saisi par la DGSE des difficultés qu'elle rencontre pour récupérer « un dossier constitué en 1983 à la demande du juge Riss, dans le cadre de l'instruction du procès Klaus Barbie ».

Le 25 janvier, André Giraud fait remettre, en main propre, un courrier frappé de la mention « confidentiel Défense » à Charles Hernu.

> D'après les éléments d'information qui me sont donnés, ce dossier (…) vous a été remis le 16 décembre 1983, ainsi qu'en témoigne la feuille d'émargement ci-jointe signée à cette date.
>
> Or, à l'issue du procès Barbie, le Service ayant demandé le 8 décembre 1987 à M. le président de la cour d'assises du Rhône de bien vouloir lui réexpédier les pièces de ce dossier, a reçu en réponse la lettre ci-jointe du procureur général près la cour d'appel de Lyon dans laquelle celui-ci assure que le dossier n'a pas été transmis au juge Riss.
>
> Ce dossier étant constitué d'originaux, il est évidemment important que la DGSE puisse les reverser dans ses archives.
>
> Les recherches que j'ai fait effectuer permettent d'assurer que ce dossier n'a pas été archivé au cabinet du ministre de la Défense.
>
> La dernière prise en charge étant donc celle que vous avez effectuée, je vous serais obligé de bien vouloir, au cas

où vous détiendriez ce dossier, le remettre à M. Frouté
(...) ou de lui indiquer la personne à qui ces documents
auraient été confiés. (...)
Je vous prie, etc.

La réponse de Charles Hernu ne tarde pas. Une
courte lettre en date du 3 février dans laquelle l'ancien
ministre explique :

Dans ces dossiers, ce qui compte ce n'est pas la
« vérité » mais l'exploitation qui peut en être faite. Certains noms sont mentionnés comme ayant pu travailler
pour les services secrets allemands sans même que les
rédacteurs des pièces en soient convaincus ; ils notent parfois que les ressemblances sont frappantes.
J'ai donc estimé de mon devoir de faire en sorte que
tout cela ne soit pas mis sur la place publique.
Votre demande a été traitée directement avec
M. Frouté et tout est en ordre.
Je vous prie de, etc.

Tout est en ordre en effet. Le 4 février, un chef d'étu-
des de la DGSE se rend spécialement à Villeurbanne et
« décharge » Hernu des quatre cartons, contenant
248 documents, un plan de tri et un inventaire. « Sous
réserves de vérifications ultérieures », indique le document rédigé à l'occasion du transfert. Tout est en ordre
donc et désormais tout paraît simple. Charles Hernu
avait comme seule préoccupation d'éviter un déballage
public. Une initiative personnelle dont il n'a rendu
compte à personne.
Le 3 février, dans la foulée du courrier adressé à
Giraud, c'est ce qu'il s'empresse d'établir pour l'Histoire dans une lettre adressée cette fois à Jean-Louis
Bianco, alors secrétaire général à la présidence de la
République. Résumant les derniers événements, Hernu
indique :

J'avais pris sur moi, ce qui est tout à fait normal, la décision de ne pas transmettre au magistrat s'occupant de l'affaire Barbie ces 280 et quelques dossiers.

(...) Ce qui a importé pour moi ce n'est pas la « vérité » comme je l'écris à M. André Giraud mais l'exploitation qui en aurait été faite puisque ces pièces auraient été communiquées à Mᵉ Vergès (...).

Je te fais parvenir, à titre strictement personnel, copie de la note que m'avait transmise alors (...) mon cabinet.

Je tenais à porter tout cela à ta connaissance et je te laisse le soin, si tu le juges utile, d'en informer le Président de la République.

CQFD, François Mitterrand n'était donc au courant de rien. Charles Hernu n'aura en tout cas pas perdu de temps pour coucher noir sur blanc cette « vérité ». Les présidents sont toujours dans l'ignorance de ce que font leurs collaborateurs, même les plus proches. Charles Hernu est un dangereux récidiviste. N'a-t-il déjà pas coulé le *Rainbow-Warrior* dans le dos du Président ? Un point mérite de retenir l'attention. Pourquoi Charles Hernu éprouve-t-il la nécessité d'user de cette curieuse formule : « Je te laisse le soin, si tu le juges utile, d'en informer le président de la République » ? Le chef de l'État est-il décidément si mal entouré pour n'être pas informé du remue-ménage occasionné par les efforts de la DGSE pour récupérer ses dossiers ? N'a-t-il jamais eu l'occasion d'évoquer l'affaire des archives avec l'amiral Lacoste ?

Talleyrand n'était pas ministre de la Défense, mais des Affaires étrangères. Il n'avait pas le sens du sacrifice et jamais l'idée de « prendre sur lui » ne lui aurait traversé l'esprit. De l'esprit, il n'en manquait pourtant pas. C'est ce qui lui permit de servir tous les régimes. L'une de ses maximes préférées était la suivante : « Il y a quelque chose de plus horrible que le mensonge, c'est la vérité. »

212

Une anecdote pour conclure. Curieuse. Touriste à mes heures, j'ai visité lors de petites vacances en Normandie il y a quelques mois l'abbaye bénédictine de Saint-Wandrille. Un monastère fondé donc par Wandrille en 649, situé au bord de la Seine, à la limite du pays de Caux. Un endroit magnifique et paisible d'où parfois s'élèvent des chants grégoriens. C'est en ces lieux que l'Abbé Pierre a choisi de prendre sa retraite. Des visites organisées sont prévues pour accueillir les touristes. Au terme de celle à laquelle j'ai participé, notre guide bénédictin n'a pas omis de vanter les productions de l'abbaye, du miel, du cidre, que sais-je encore. L'occasion pour lui de nous rappeler que Saint-Wandrille n'est pas seulement un lieu de prière et que les moines travaillent pour vivre, pour entretenir les lieux. « Nous avons relancé aussi un atelier de photogravure, de microfilms, de haute qualité, précise encore notre hôte. Nous avons des clients prestigieux tels que la DGSE dont nous traitons les archives. » L'espace d'un instant, saisi d'un doute, je me suis demandé si c'était une blague, ou pourquoi pas un message personnel qu'il m'adressait. Mais pas du tout. Juste l'une de ces coïncidences que l'on rencontre parfois dans la vie.

Chapitre 11

Un complot contre Ménage ?

« Tout a commencé par le vol raté de mon porte-documents », explique le témoin. Dans la vie courante, il n'est guère fréquent que les services de police se mobilisent pour un vol raté d'attaché-case, surtout lorsque la tentative a eu lieu trois ans plus tôt. Enfin, comme la victime de ce vol virtuel n'a jamais manifesté son intention de déposer plainte, on peut s'étonner qu'un commissaire divisionnaire soit chargé d'entendre un témoin qui ne souhaitait pas témoigner. Ce commissaire, il est vrai, appartient au cabinet central de discipline de l'inspection générale de la police nationale, l'IGPN, « la police des polices », un service dont la réputation est d'être modérément « actif », ce qui lui vaut le surnom de « cimetière des éléphants ». On y termine sa carrière. Loin des feux de la rampe, ce service sert à piloter, en toute discrétion, les enquêtes les plus délicates. Lorsque c'est nécessaire — et c'est le cas dans l'affaire qui nous intéresse —, un unique fonctionnaire se charge de l'ensemble des auditions afin de garantir une discrétion maximale.

Ce 16 février 2000, le divisionnaire Berthier a donc été chargé de coucher sur procès-verbal cette tentative de vol, un soir de janvier 1997 à la sortie du RER, en banlieue parisienne. Il est 9 h 30 lorsque, assis face à lui, le témoin commence à dérouler son singulier récit :

« C'est arrivé dans la deuxième quinzaine de janvier, vers 21 heures, indique l'homme. Je m'apprêtais à regagner mon domicile. À l'époque, j'habitais dans le 93, à Neuilly-Plaisance. J'avais alors pour habitude, avant de rentrer, de m'arrêter boire une bière dans une brasserie située à côté de la gare du RER, à 200 m de chez moi. En pénétrant dans le café, encore très fréquenté à cette heure, je n'ai rien remarqué d'anormal et surtout je n'ai pas fait attention aux deux clients qui se sont placés à côté de moi. C'est le patron Didier qui a donné l'alerte. Il s'est mis à crier : "Ah non ! Pas de cela ici, messieurs !" Dans le même temps, il désignait deux individus dans mon dos, que j'ai découverts donc en me retournant. Ils s'apprêtaient à quitter l'établissement. L'un d'eux serrait sur sa poitrine le porte-documents qu'il venait de me dérober. Je me suis alors précipité et j'ai finalement réussi à arracher ma sacoche. Les deux hommes se sont esquivés mais en conservant une attitude très agressive. Ces deux hommes étaient jeunes, d'allure très sportive et, à la réflexion, leur look tranchait singulièrement avec la clientèle de l'établissement. Didier, le patron, m'a confirmé qu'il ne les avait jamais vus dans les parages.

Le bar fermant à 21 h 30, je suis parti avec les derniers clients. Je me tenais sur mes gardes. C'est alors que j'ai aperçu à nouveau mes agresseurs. Se tenant de l'autre côté de l'avenue, ils me dévisageaient ostensiblement, avec agressivité. Plus intrigant encore, malgré l'échec public qu'ils venaient de connaître, ils ne semblaient absolument pas inquiets. J'ai alors pris la décision de ne pas rentrer chez moi et de les "balader". Ils ont néanmoins persisté à me suivre. Je me suis alors mis à courir, et ce n'est qu'au terme de plusieurs courses-poursuites que je suis enfin parvenu à les semer. Ce n'est que beaucoup plus tard, et en prenant de grandes précautions, que je me suis résolu à rentrer chez moi. »

Pourquoi ce quasi-sexagénaire, ainsi menacé, n'a-t-il pas fait appel à la police ? Il n'y a pas songé. Il est vrai qu'il est lui-même commissaire de police. Divisionnaire, comme son interlocuteur. Il a exercé son métier au sein d'une direction sensible du ministère de l'Intérieur, celle des Renseignements généraux, comme chargé de mission auprès du directeur central. En 1982, il faisait partie des très rares fonctionnaires de police ayant accepté de rejoindre la cellule de l'Élysée et d'intégrer le fameux Gam, le Groupe d'action mixte. Le Gam disposait d'importants moyens, et en premier lieu de vrais faux papiers d'identité lui permettant de réaliser « sous couverture » les missions les plus variées. C'est moi qui avais recruté Jean Orluc, le témoin si tardivement entendu par l'IGPN. À la cellule, nous l'avions surnommé « Achille ». Aucune référence au valeureux guerrier de la guerre de Troie, mais allusion à un véritable air de famille avec un autre héros, celui de la bande dessinée : Achille Talon. Petit, dégarni, le commissaire Orluc concentre en effet les apparences de l'insignifiance. C'est un clone auvergnat de l'inspecteur Columbo. Pour ses compétences, un autre de ses surnoms, « Potins de la commère », en donne une idée. À 57 ans, le commissaire Jean Orluc connaît donc la musique. Il sait que ce ne sont pas des lascars de banlieue qui lui ont fait la courette. Avec trente ans de métier, il connaît les usages en vigueur : quoi qu'il lui en coûte, il ne doit pas porter plainte.

Quelques jours plus tard, les collègues mal intentionnés reviennent à la charge, lors d'un dîner rassemblant Jean Orluc et une amie autour d'une excellente table du Perreux. À peine le couple entame-t-il le plat de résistance qu'un individu se glisse dans le dos du commissaire, lui pose la main sur l'épaule et, à haute voix, déchirant l'ambiance bourgeoise et feutrée du restaurant lance : « Toi, on va te tuer, on va te faire la peau, t'aime pas les juifs ! » Aussi stupéfaite qu'indignée, l'amie d'Orluc se lève et apostrophe l'inconnu avec véhémence, mais le commissaire, résigné, lui intime l'ordre de se rasseoir. Sans même se retourner, il se borne à demander à l'auteur du scandale de les laisser tranquilles, puis découvre que le perturbateur partage une table, au fond du restaurant, avec cinq autres individus, jeunes, athlétiques et ricanants. « Une fois encore, précise-t-il dans sa déposition, leur allure tranchait avec celle très BCBG des autres clients. » Sans attendre, le commissaire des RG demande l'addition et quitte les lieux avec son amie. Le patron du restaurant se confond en excuses, mais reste interdit devant la passivité de ce client qu'il sait être un haut fonctionnaire de la police nationale.

S'il ignore l'identité précise de ceux qui le harcèlent, Jean Orluc n'ignore pas que sa qualité d'ancien membre de la cellule élyséenne peut seule lui valoir ces attentions. Les jours qui suivent sont relativement calmes et le train-train du commissaire divisionnaire honoraire n'est plus troublé que par de fréquents appels téléphoniques émanant de correspondants aussi muets qu'anonymes, mais suffisamment opiniâtres quand même pour avoir fait sauter le verrou que constitue une inscription sur « liste rouge ». Il faut attendre début février pour que se produise un nouvel incident significatif.

La chambre criminelle de la Cour de cassation doit rendre une décision capitale dans l'affaire des écoutes téléphoniques de l'Élysée. Le sort de l'enquête, ouverte en 1993 par le juge Valat, est suspendu à cet arrêt. Quatre des mis en examen, Gilles Ménage, Christian Prouteau, Pierre-Yves Gilleron et Louis Schweitzer, soutiennent que les faits qui leur valent d'être poursuivis sont couverts par la prescription. Le juge d'instruction et les victimes qui se sont portées parties civiles objectent que ces écoutes étant, par nature, « clandestines », ce n'est qu'à partir de la date de leur découverte que doit commencer à courir le délai de prescription. Sinon cela reviendrait à prescrire un délit avant qu'il n'ait pu être constaté ! Derrière le débat juridique, qui mobilise le gratin du barreau, se livre en coulisse une sévère bagarre politique. La meilleure illustration en est offerte par le parquet dont la position évolue d'une position favorable à l'enterrement pur et simple du dossier à une attitude de neutralité valant sésame à la poursuite de l'instruction.

C'est dans ce climat que s'inscrivent les ennuis du commissaire Orluc. En février 1997, il va être mis en examen pour ses activités passées au sein de la cellule. Ceux qui savent cette décision inéluctable s'inquiètent de ce qu'il va dire au juge. Une question d'autant plus préoccupante que Jean Orluc n'appartient à aucune « écurie », et qu'il détient des clés essentielles. En outre, en quittant leur poste, la plupart des zélés serviteurs de l'État remettent aux Archives nationales tout ce qui doit l'être. Mais qui peut jurer que, de-ci de-là, certaines exceptions à cette règle républicaine ne se soient pas produites, et que quelques fonctionnaires n'aient pas conservé des archives sensibles, ayant trait, par exemple, à la si délicate période de cohabitation ?

Quelques jours après sa mise en examen, Jean Orluc réunit à déjeuner son avocat et un de ses collègues, commissaire au RG. Il a été convenu que le lieu ne serait fixé que le jour même, deux heures avant, par mesure de précaution. Pour plus de sécurité encore, Orluc appelle ses amis d'une cabine téléphonique, l'un à son bureau, c'est-à-dire un commissariat, l'autre à son cabinet. Rendez-vous est finalement pris, pour midi à La Créole, boulevard du Montparnasse. Venu de sa banlieue par le RER, Orluc s'astreint à un « parcours de sécurité », afin de s'assurer qu'il n'est pas suivi. Une fois sur place, il passe sans s'arrêter devant La Créole et repère aussitôt la voiture de service de son collègue. Son attention est attirée par une Fiat, garée négligemment sur un passage protégé. Le véhicule est occupé par un homme seul assis au volant. Les plaques d'immatriculation sont fixées par « des vis rouillées », note-t-il en même temps que le numéro. Poursuivant son chemin, le commissaire gagne une cabine téléphonique d'où il prévient son collègue : « Leurs arrières ne sont pas clairs. » Puis il revient vers le restaurant et se plante devant la Fiat afin d'identifier le conducteur. Celui-ci réagit aussitôt en plongeant sous le volant. La situation devient grotesque. Orluc pénètre dans le restaurant où il retrouve son ami des RG ainsi que son avocat arrivé dans l'intervalle. Une rapide discussion s'engage entre les trois hommes sur la conduite à adopter. À la stupéfaction du personnel, ils déplacent rideaux et plantes vertes pour observer le conducteur suspect. Aussitôt, la Fiat démarre en trombe, coupe la circulation dans une manœuvre hasardeuse, puis disparaît. Jean Orluc indique : « Inquiet et intrigué, comme on le comprendra aisément, j'ai alerté divers amis que j'ai conservés aux RG, sources que je tiens absolument à préserver. C'est ainsi qu'un peu plus tard, j'ai eu la stupéfaction d'apprendre qu'à la section opérationnelle de recherches spécialisées, tout le monde savait que la section bossait sur le garage de Prouteau. » Il ajoute qu'à son avis l'épisode de La Créole ne peut s'expliquer que par une écoute posée soit sur la ligne de son collègue, soit sur celle de son avocat, voire des deux à la fois. Situation qu'il juge aussi « grave qu'inadmissible ».

Pourquoi ne pas avoir déposé plainte ? Ce n'est pas dans la tradition de sa « maison mère ». « Ce n'est qu'en raison de la plainte déposée par Gilles Ménage que je me trouve dans l'obligation de relater les faits en question », ajoute-t-il dans sa déposition. Les « archives Prouteau », mises à l'abri et qui excitent les convoitises, Gilles Ménage qui « dépose plainte », des flics qui en surveillent d'autres, voici les ingrédients qui permettent de comprendre la suite de ce récit. À condition toutefois d'en ajouter un : ma modeste personne.

Lorsqu'en septembre 2000 je découvre les mésaventures de mon ami Jean Orluc, je ne suis pas en brillante posture. Mme Château, juge d'instruction au tribunal de grande instance de Paris, me présente le fruit de trois années d'investigation. Jeune, intelligente, jolie et déterminée à faire éclater la vérité, la magistrate m'annonce que je suis placé en état de « témoin assisté ». Du statut de « témoin assisté » à la mise en examen, la frontière est mince. Le désir de Gilles Ménage est d'ailleurs de me voir en prison. J'apprends, dans le bureau du juge, qu'à l'origine de mon audition comme de celle d'Orluc et de bien d'autres, se trouve en effet une plainte de l'ancien directeur de cabinet de François Mitterrand. Gilles Ménage vise les agissements d'un corbeau qui lui rend depuis des mois la vie infernale. Son action s'inscrirait dans le cadre d'une vaste « provocation policière », « au plus haut niveau de l'État ». Le seul personnage clairement et nommément désigné, c'est moi.

Ce n'est, en ce qui me concerne, pas la première alerte. Une certaine Mme Néron, totalement inconnue de moi à l'époque et qui anime avec vigueur une association dénonçant les agissements de notaires indélicats, a, elle aussi, été la proie d'un corbeau et même, semble-t-il, d'intimidations physiques. Un corbeau, bien sûr, laisse peu d'indices. Celui-ci, par extraordinaire, n'omettait pas de signer : « Capitaine Barril » ! De quoi sourire sans doute. De quoi aussi faire un article dans les colonnes du *Canard enchaîné*. Depuis 1984, depuis que Gilles Ménage a pris du galon et qu'il a reçu pour mission de régler mon cas, j'ai l'habitude de porter le chapeau. Les Irlandais de Vincennes ? Un grossier montage de Barril ! Les écoutes de l'Élysée ? Des faux grossiers fabriqués par Barril ! Un corbeau qui persécute le pauvre Ménage ? Encore Barril naturellement.

C'est au mois de mars 1997 que Gilles Ménage a porté plainte, avec constitution de partie civile, auprès du doyen des juges d'instruction, contre X pour dénonciation calomnieuse. Il vise l'auteur d'une lettre anonyme adressée le 21 janvier de la même année à Mme Éva Joly qui instruit le dossier de l'affaire Elf-Aquitaine. Ce texte désigne l'ancien directeur de cabinet de François Mitterrand comme détenteur de « plusieurs tonnes » d'archives accumulées durant son séjour à l'Élysée. Une partie de ces documents concernerait les « financements politiques d'Elf ». Le mystérieux corbeau fournit une série d'indications devant permettre au juge de découvrir ces documents dans une cache aménagée spécialement dans le château que Ménage possède sur les bords du Lot. Un mois et demi plus tard, Mme Joly lance effectivement, le 6 mars 1997, une perquisition. Dans l'intervalle, des événements d'une importance considérable sont intervenus.

Deux semaines avant la descente du juge, le 19 février, la DST réussit un coup d'éclat en découvrant, dans un box des Yvelines, les archives de Christian Prouteau. À l'origine de la prise, si j'en crois la presse, un renseignement anonyme. Des cantines en fer bourrées jusqu'à la gueule de documents confidentiels accumulés au fil des ans par la cellule élyséenne (écoutes téléphoniques, rapports de haute et basse police, documents classés « secret Défense » ...) s'offrent enfin à la curiosité des magistrats. Le juge Jean-Marie Charpier dirige les opérations de perquisition, ce qui n'a pas l'air de plaire à Gilles Ménage car, assure-t-il, ce juge est

notoirement « connu pour son hostilité à François Mitterrand ». Déjà la thèse du complot. En découvrant
l'impressionnante moisson d'écoutes stockées à Plaisir,
le juge alerte son collègue Jean-Paul Valat qui, depuis
quatre ans, tente d'instruire cette affaire. La preuve
définitive d'un véritable système d'espionnage mis en
place entre 1983 et 1986 par l'ancienne cellule anti-terroriste est désormais faite. Plus question de se réfugier
derrière des « faux » que j'aurais fabriqués. D'autant
que certaines de ces écoutes sont annotées de la main
même de Mitterrand. Pourtant, une fois encore, mon
nom ne tarde pas à circuler. Usant d'une recette qui a
maintes fois fait ses preuves, une âme bien intentionnée
me désigne comme étant la « gorge profonde » ayant
tuyauté la DST. Bref, celui qui a balancé Prouteau.
Comme il se doit, cette information est délivrée *off the
record* par un service spécialisé. Elle envahit rapidement
les rédactions de France et de Navarre et suinte dans
maints sous-entendus. Je ne vais pas m'étendre sur le
préjudice que cette rumeur orchestrée était susceptible
d'entraîner pour moi et mes proches. Disons simplement qu'une fois de plus, j'ai été contraint d'adopter
un certain nombre de mesures en rapport avec la situation.

Un malheur ne venant jamais seul, Gilles Ménage et
ses amis encaissent un second choc, encore plus sévère.
Le 4 mars 1997, la Cour de cassation, au terme de
débats juridiques passionnés, rend sa décision : l'affaire
des écoutes est « non prescrite ». L'instruction, enrichie
depuis quelques jours des archives Prouteau, peut donc
se poursuivre. Cette affaire sera un jour jugée. Du
moins peut-on l'espérer.

19 février : découverte des archives Prouteau ; 4 mars :
décision de la Cour de cassation, quelques voix s'étonnent
de la concomitance des événements. Aurait-on voulu

influer sur la décision des juges ? Gilles Ménage n'est pas le dernier à le penser et à réagir en conséquence. Après avoir longtemps contesté l'existence des écoutes, puis s'être arc-bouté au « secret Défense » pour refuser de répondre aux questions du juge, le voilà contraint de changer brutalement de pied. Il manifeste désormais bruyamment le désir de s'affranchir dudit secret : « La levée du secret Défense est le seul moyen de mettre un terme à la campagne de dénigrement systématique menée contre François Mitterrand que j'ai eu l'honneur de servir pendant onze ans ; c'est aussi la seule façon de poursuivre l'instruction en cours dans des conditions équitables et respectueuses des droits de la défense ; c'est enfin le seul moyen de rétablir la réalité des faits et de donner aux Français, dans une parfaite transparence, des explications claires, mettant un terme aux extravagances et aux contre-vérités répandues jusqu'à présent. »

Bien sûr, j'ai commencé par me pincer en découvrant cet appel « à la transparence ». Le juge Jean-Paul Valat a dû également tiquer. Le « secret Défense » était brandi hier au nom de « l'intérêt supérieur de l'État », désormais seuls les intérêts supérieurs de Gilles Ménage sont en cause. D'où sa décision de s'auto-affranchir de ce secret, contre « l'avis » du Premier ministre Alain Juppé. Comme si Gilles Ménage était à tout instant et en tout lieu seul juge de l'intérêt de l'État. Quel aveu indirect ! « J'ai décidé de passer outre, explique l'ancien directeur de cabinet de Mitterrand dans une interview, le 17 mars, au *Nouvel Observateur*, parce que c'est le seul moyen de répondre à la justice, d'éclairer le public et d'assurer ma défense. On verra évidemment que je n'ai jamais été au centre du fonctionnement de la cellule dirigée par Christian Prouteau. On verra ensuite que les écoutes demandées par cette cellule n'émanaient pas d'un cabinet noir. Cette cellule s'insérait dans un processus gouvernemental. »

Le message est transparent :

1. Le patron de la cellule c'était Christian Prouteau. Je ne suis pas au courant de ce qui s'y trafiquait.

2. Pour ce qui pourrait m'être éventuellement reproché, le gouvernement était au courant.

Sur ce second point, la « preuve » avancée est constituée des écoutes réalisées contre Jean-Edern Hallier dont Ménage peaufine le profil de « maître chanteur » : « Jean-Edern Hallier, en s'attaquant à la vie privée du président de la République (...), exerçait, dès 1984, un chantage, et constituait une menace pour la dignité de sa fonction. Cette menace prend de l'ampleur quand Paul Barril réapparaît en faisant parvenir à l'Élysée le premier manuscrit de Jean-Edern Hallier, *L'Honneur perdu de François Mitterrand*. (...) Il s'agit d'un texte ordurier, insultant pour le Président et sa famille, qui n'a rien à voir avec celui qui sera publié beaucoup plus tard. Le pamphlétaire voulait négocier : cela allait d'un poste de ministre à une amnistie fiscale, en passant par une présidence de radio et un non-lieu judiciaire. » Comme l'argument n'est pas suffisant pour expliquer les moyens considérables mis en œuvre, tel membre de la cellule viendra affirmer que l'écrivain faisait peser une menace sur la sécurité de François Mitterrand au prétexte que Jean-Edern s'était attaqué, au lance-pierre, aux fenêtres de son voisin de la place des Vosges, Jack Lang ! Ou encore, parce qu'il avait la fâcheuse habitude de tirer sur les pigeons du quartier avec un vieux 22 long rifle. Tout cela n'est guère sérieux. Je le sais mieux que quiconque puisque j'ai négocié la remise du pistolet comme celle du manuscrit[1].

La vérité est beaucoup plus simple : homme du secret, capable de dissimuler à sa propre famille l'existence de

---

1. Voir *Guerres secrètes à l'Élysée, op. cit.*

Mazarine, comme il a su faire silence pendant près de deux septennats sur son cancer, après avoir maintenu l'embargo pendant un demi-siècle sur son passé vichyssois, sa francisque et son amitié avec Bousquet, ce que Mitterrand redoutait chez Jean-Edern Hallier, c'était sa capacité à briser l'omerta. Par son talent, son extraordinaire réseau relationnel, ses étonnantes capacités à produire du « scandale », il représentait un danger, certes, mais un danger exclusivement politique. Son journal, *L'Idiot international,* dérangeait terriblement. Des moyens considérables furent mis en œuvre pour le réduire au silence. Parce que ce sont des choses qui s'ébruitent et circulent dans le milieu de la barbouzerie, je sais que Jean-Edern Hallier l'a échappé belle à plusieurs reprises. Secret de polichinelle que ce ministre déchu, cible privilégiée de *L'Idiot,* qui jurait de lui faire la peau.

Seuls quelques-uns des documents découverts dans le box de Christian Prouteau ont été classés, après examen, « secret Défense » par les fonctionnaires de la DST et soustraits à la curiosité des juges. Que pouvaient-ils bien contenir ? L'épisode excite les imaginations. La presse — pourtant absente de la perquisition — rapporte que les hommes de la DST auraient su se diriger sans l'ombre d'une hésitation pour saisir, au milieu de tant d'autres, ces pièces maintenues secrètes... L'hypothèse communément avancée voudrait que la DST ait effectué, la nuit précédente, une perquisition « sauvage » afin de préparer le terrain. Quant à savoir ce que contenaient les documents qui auraient pu être soustraits à cette occasion, seuls les anciens de la cellule et les hommes de la DST pourraient nous le dire.

Gilles Ménage n'est pas le dernier à s'inquiéter publiquement des « critères » ayant présidé « au tri » des pièces écartées de la procédure judiciaire. C'est aussi l'une des raisons pour lesquelles il entend s'auto-affranchir du

« secret Défense ». En clair, Ménage accuse indirectement le gouvernement d'Alain Juppé d'avoir extrait des cantines de Christian Prouteau ce qui le dérangeait pour n'y laisser que d'accablants témoignages sur les consternantes activités de la cellule élyséenne. Ce soupçon est partagé par *Le Canard enchaîné* qui explique : « La cellule de l'Élysée, après avoir cherché à protéger Tonton, s'est occupée à se protéger elle-même, en recueillant des informations sur ses éventuels détracteurs. Ces diverses activités sont assez imbriquées. Difficile de maîtriser un tri sélectif qui pourrait être contesté par les personnes mises en cause. » Le ton du journaliste est résolument pédagogique lorsqu'il insiste sur le « risque » que prendrait le gouvernement en ouvrant « la boîte de Pandore », avant de conclure : « Et pourquoi prendre un tel risque ? Le fait de ne pas accabler ses adversaires au nom de l'intérêt supérieur de l'État place le Premier ministre sous un profil avantageux. Tout en laissant le soupçon faire son œuvre. Enfin une affaire qui réussit à Juppé. » Dans une même phrase, *Le Canard enchaîné* se montre à la fois soucieux de « l'intérêt supérieur de l'État », notion chère à Gilles Ménage, et trouve à Alain Juppé un « profil avantageux ». C'est beaucoup pour un seul mercredi ! Mais à quoi servent les journaux si ce n'est à « véhiculer » de l'information ?

Les grandes manœuvres ne sont pas pour autant terminées. Jamais deux sans trois, la série noire continue pour les anciens de la cellule. Éva Joly perquisitionne donc le château de Gilles Ménage qui se dresse sur un lieu stratégique, c'est-à-dire ni trop près ni trop loin de la bergerie de son maître. En moins de deux heures, le directeur de cabinet était à même de rallier, au premier coup de sifflet, Latché par la route. En l'absence du châtelain, Éva Joly en est réduite à interroger le gardien.

La juge : — Depuis combien de temps travaillez-vous au château ?

Le témoin : — J'avais été recruté par le précédent propriétaire (...). Quand M. Ménage a acheté le château, j'ai été recruté comme gardien pour lui. J'habite une petite maison à côté. Je suis défrayé et en contrepartie, je fais l'entretien de la pelouse et du parc.

La juge : — Connaissez-vous les personnalités qui viennent au château ?

Le témoin : — M. Ménage vient très peu. Huit jours de temps en temps. Je n'ai pas souvenir de personnalités qui aient été hébergées au château.

La juge : — À qui appartient le bateau qui se trouvait stationné sur la propriété autrefois ?

Le témoin : — À M. Prouteau, je pense. Je ne l'ai pas vu lui, mais c'était son lieutenant selon ce que l'on me disait, M. Renaud je crois, qui venait pour l'amener en mer.

La juge : — Avez-vous vu venir une grande quantité de cartons contenant des documents au château ?

Le témoin : — Jamais. Les seuls cartons sont ceux qui se trouvent au grenier que je vous ai montrés, et c'est moi qui ai été les chercher 11, quai Branly, je pense en 1985 ou en 1986. Ils n'ont jamais bougé depuis.

La juge : — Y a-t-il eu déménagement du château récemment ?

Le témoin : — Non.

La juge : — Y a-t-il eu des caches aménagées dans le château ?

Le témoin : — Il n'y a rien.

D'autres témoins sont interrogés. En particulier les menuisiers du pays, afin de savoir s'ils n'auraient pas participé à la fabrication de caches dans les boiseries du château. Rien. Tard dans la soirée, Éva Joly et les policiers de la brigade financière se replient en bon ordre, après avoir en vain sondé murs et cloisons. Dès le lendemain, Gilles Ménage se livre à un contre-interrogatoire de ses ouailles. L'ancien conseiller pour les affaires de police veut tout connaître des sujets de curiosité d'Éva Joly. Il établit une sorte de procès-verbal de ses « auditions », document qu'il transmet lui-même à la justice. On peut, par exemple, y lire :

> *Gilles Ménage :* — Je voudrais qu'on revienne un peu sur la façon dont ça s'est passé hier. Donc, quand ils ont cherché, quand ils ont dit que c'était entre un placard et un mur.
>
> *Réponse :* — Dans une cloison. Ils cherchaient une cloison en bois dans la tour (...). Ils cherchaient, je sais pas quoi, ils cherchaient des documents. Je n'ai pas très bien compris parce qu'ils m'ont parlé du bateau. Ils m'ont parlé du bateau qu'on avait eu là ici (...). Alors, ils m'ont dit : Ça appartient à M. Prouteau. J'ai dit que je connaissais pas M. Prouteau. Ils m'ont dit : « Mais si, et il est venu ici. » Enfin, c'est la juge qui a dit : « Mais si. » J'ai indiqué que je ne savais pas si Prouteau était venu ici et que je ne le connaissais pas. La juge m'a également demandé si des ministres étaient venus ici. J'ai répondu que je ne savais pas.

Dans son esprit, il s'agit, à l'évidence, de faire apparaître le complot dont il s'estime victime. Dans sa plainte, Ménage se déclare d'ailleurs convaincu que cette opération décidée « au plus haut niveau et menée avec des moyens considérables, a été organisée pour peser indirectement sur la décision de la Cour de cassation ». Il tire notamment argument d'une chronologie qu'il a établie et que je ne résiste pas au plaisir de citer :

> « 27 novembre 1996 : une lettre anonyme informe l'un de mes anciens collaborateurs à l'Élysée, chargé de suivre quotidiennement les écoutes téléphoniques reçues de Matignon après mars 1986, que son téléphone est sur écoutes.

Décembre 1996 : à une date non précisée, un inconnu vient interroger le gardien de la propriété à Noilhac, Jackie Liégeois, et se faisant passer pour un de mes amis, le fait parler. On retrouvera des traces de cette conversation dans la lettre anonyme du 21 janvier 1997 adressée à Mme Joly.

Janvier 1997 : une tierce personne informe Georges Cueille que les Renseignements généraux cherchent des renseignements sur lui. Une fourgonnette banalisée, vitres arrière opaques, stationne à plusieurs reprises à proximité du domicile de Georges Cueille. Le numéro d'immatriculation, après vérification, correspond à un véhicule de la direction centrale des Renseignements généraux.

21 janvier 1997 : vol avec effraction dans mon véhicule stationné à Colombes. Seules la veste et la sacoche contenant notamment mes agendas sont volées. Les téléphones portables ne le sont pas. Date de la lettre anonyme envoyée au juge Éva Joly (curieusement elle est postée un jour avant, le 20 janvier 1997).

30 janvier 1997 : Georges Cueille aide Christian Prouteau pour transporter des livres sur le GIGN stockés chez l'éditeur Yves Gaguèche. La voiture est filée par un service de police non identifié. C'est cette filature qui entraînera la perquisition du 19 février dans le garage où Christian Prouteau entrepose ses archives.

14 février 1997 : un renseignement « anonyme » parvient à la DST dénonçant une compromission du « secret Défense » à l'adresse du garage de Christian Prouteau, mais sans que cela soit mentionné.

17 février 1997 : l'opération est menée par la DST qui saisit le parquet de Versailles. Le juge Charpier est désigné après ouverture de l'information et procède à la perquisition.

18 février 1997 : le problème de la prescription du délit d'atteinte à la vie privée est évoqué par la Cour de cassation.

19 février 1997 : perquisition dans le garage de Christian Prouteau.

Un complot contre Ménage ?

27 février 1997 : une lettre anonyme est envoyée au juge Valat lui suggérant d'aller perquisitionner dans un box du parking de l'éditeur Yves Gaguèche pour y rechercher les « archives » de Georges Cueille.

3 mars 1997 : une voiture R 21 grise est en surveillance avec deux hommes à bord à la silhouette caractéristique devant mon bureau, à Levallois-Perret. Elle est immatriculée 3943 VW 92. À cette période, mon chauffeur est constamment surveillé à son domicile. Plusieurs tentatives de pénétrer dans la maison pendant qu'il n'est pas là ; coups de téléphone anonymes et muets.

4 mars 1997 : décision de la Cour de cassation sur l'affaire des écoutes téléphoniques.

6 mars 1997 : perquisition effectuée par la juge Éva Joly à Noilhac, Lot-et-Garonne, accompagnée de huit policiers de la brigade financière de la préfecture de police.

10 mars 1997 : mon chauffeur est pris en filature à pied, puis par une voiture, avec une immatriculation militaire, avenue Foch, à Paris. Course-poursuite. La voiture fait un virage en U à toute vitesse avenue Foch et s'enfuit vers les boulevards extérieurs. La voiture est une Clio Renault blanche (immatriculation : signe armée de terre, épée sur drapeau tricolore, N 6961 0129). Il est environ 16 heures. J'appelle immédiatement Michel Lacarrière, directeur du Renseignement à la DGSE, pour dénoncer ces pratiques inadmissibles.

Avril-mai 1997 : les choses se calment de façon épisodique ; mais mon chauffeur est toujours l'objet de tracasseries diverses courant mai. J'écris le 22 mai 1997 au préfet du Val-d'Oise pour lui décrire ces anomalies et demander qu'elles cessent. Je signale dans cette lettre que mon chauffeur, Gérard Faugeron, a fait le matin même une déclaration au commissariat d'Argenteuil à ce sujet. »

Filatures, écoutes, appels anonymes, vols, effractions, barbouzes ou présumées telles, persécutions judiciaires..., sous bien des aspects le récit de Gilles Ménage résonne comme celui d'un dissident soviétique à l'époque du rideau de fer. C'est d'autant plus impressionnant que sa qualité d'ancien collaborateur important du précédent président de la République puis d'ancien PDG d'EDF, dont il est le « président d'honneur », le préserve en vérité de bien des aléas. Gilles Ménage demeure une figure puissante et redoutée au sein du cercle très fermé des apparatchiks de la « sécurité nationale ». D'un simple coup de fil, il peut toujours joindre tel préfet ou le patron des services secrets.

Soucieux soudain de faciliter le travail de la justice et de permettre la manifestation de la vérité, Gilles Ménage a joint à sa plainte contre X une annexe qui me concerne personnellement. Je cite : « Certain indices laissent supposer que le capitaine Barril aurait participé à la rédaction de la lettre anonyme adressée le 21 janvier 1997 à Mme le juge Éva Joly. » C'est sur la base de cette dénonciation que, trois ans après les faits et au terme de plusieurs mois d'instruction, je m'entends signifier, le 12 septembre 2000, mon placement en l'état de « témoin assisté ». C'est, à vrai dire, une demi-surprise. Je n'ai été entendu qu'une fois par la juge et n'ai guère eu de mal à établir le caractère grotesque des « indices » rassemblés par Ménage. J'en ai profité pour éclairer, à mon tour, la magistrate sur la tentative de manipulation dont elle pourrait être l'objet. Je lui démontre que si, le 7 mars, Gilles Ménage selon sa propre chronologie, est encore occupé à reconstituer la perquisition d'Éva Joly, dès le 6 au soir, sur les ondes d'Europe 1, il me met déjà en cause. C'est toujours dans cette même nuit du 6 au 7 mars que les rotatives du *Figaro* impriment un article « inspiré » où, aux côtés d'une interview de Ménage, le lecteur découvre un encadré curieusement titré : « Barril en cause ». Le lecteur apprend que sitôt informé de la perquisition de son manoir, Ménage a accusé l'ex-capitaine de gendarmerie Paul Barril d'avoir « fabriqué des faux » : « Il y a des faux, c'est sûr que ce sont des faux, d'ailleurs, Paul Bouchet, président de la commission des écoutes, l'a reconnu. » Quels faux ? En quoi suis-je concerné ? Quel rapport avec l'affaire Elf et la perquisition d'Éva Joly ? Ce qui saute aux yeux, en revanche, c'est que lorsque Gilles Ménage est interrogé sur Elf, il répond obstinément « Barril » ou « écoutes téléphoniques ».

Chapitre 12

« Basse police » contre cellule de l'Élysée

Pas plus que moi, j'imagine, Gilles Ménage n'avait prévu la victoire de la gauche aux élections législatives de juin 1997. Cette dissolution ratée est un rebondissement politique dont je me félicite aujourd'hui. Nul ne pourra prétendre, en effet, que l'instruction judiciaire ouverte suite à la plainte déposée deux mois plus tôt par Gilles Ménage se soit déroulée dans un contexte hostile ou défavorable au plaignant. Mieux, le juge Stephan, initialement désigné pour instruire ce dossier, ayant obtenu une promotion, c'est une jeune juge d'instruction qui a hérité du dossier au cours de l'été 1997. À cette date, Élisabeth Guigou était ministre de la Justice et Jean-Pierre Chevènement de l'Intérieur. La situation était donc sous contrôle politique.

Au mois de juillet 1997, Ménage réitère, dans un courrier à Jean-Pierre Chevènement, ses griefs à l'égard de certains services de police en général et des Renseignements généraux en particulier. Il n'obtient pas plus d'écho que lorsqu'il s'était adressé à Jean-Louis Debré. Une réponse — certes indirecte — ne tarde toutefois pas à lui parvenir. Déjouant, une fois encore, tous les pronostics qui annoncent sa « promotion » imminente à l'IGPN, le patron des RG, Yves Bertrand est maintenu dans ses fonctions. Une performance inégalée dans l'histoire de cette direction sensible du ministère de l'Intérieur. En quelques années, Yves Bertrand aura successivement servi Balladur, Juppé puis Jospin, gérant une cohabitation avec un Président socialiste, une campagne présidentielle qui tourne à la rixe entre le chef du gouvernement et le patron du RPR, enfin une cohabitation avec un Président de droite.

N'obtenant rien sur le plan administratif, Gilles Ménage concentre son action sur le plan judiciaire et nourrit sa plainte de nombreux témoignages attestant du harcèlement dont lui et ses proches affirment être l'objet. Outre moi-même, sont ainsi mis en cause nommément Alain Juppé, Alain Roulet, son conseiller à Matignon, et Yves Bertrand. Personne ne pourra soupçonner la justice d'avoir pris à la légère ce dossier. À ma connaissance, il existe fort peu d'instructions judiciaires qui se soient aventurées aussi profondément dans les coulisses du secret. De commission rogatoire en commission rogatoire, toutes confiées à l'irremplaçable divisionnaire Berthier, les principales figures de la sphère du renseignement policier sont appelées à s'expliquer. Parmi ceux qui, en conséquence, sont amenés à se faire du souci, figure un ancien collaborateur de Gilles Ménage, Georges Cueille. Après avoir travaillé aux côtés du directeur de cabinet de Mitterrand de 1986 à l'été 1992, Cueille a continué auprès de Pierre Chassigneux, successeur de Ménage jusqu'en 1995.

Quelle était la nature précise de ses activités à l'Élysée ? C'est un peu délicat à formuler. Entendu sur commission rogatoire le 21 janvier 2000, Georges Cueille indique qu'il était « chargé d'établir des synthèses à l'adresse du président de la République ». Il ajoute qu'ancien militaire, il a travaillé au GIC, le Groupement interministériel de contrôle, c'est-à-dire l'organisme qui, sous l'autorité du Premier ministre, gère les écoutes téléphoniques dites « administratives ». Strictement réglementées, ces écoutes sont effectuées hors du cadre judiciaire et répondent, de par la loi, à des impératifs de sécurité nationale. Les personnels, les installations, les procédures en vigueur et, bien entendu, la production du GIC relèvent du secret de la Défense nationale. Georges Cueille explique que, le 27 novembre 1996, il a reçu à son domicile une lettre anonyme l'informant que son téléphone était sur écoutes. Ce courrier manuscrit était ainsi rédigé : « Georges, eu égard au passé, je tiens à t'informer : tu es branché, ta ligne est renvoyée au commissariat de Villeneuve-Saint-Georges, tes conversations sont écoutées et transcrites par le L-C K., il va relever les bandes en moto Honda 83 SH.., tes n^{os} sont identifiés par la collègue de ta femme, elle vient d'être récompensée de sa collaboration. Fais gaffe ! »

Cette lettre anonyme appelle plusieurs observations. Même si ce n'est pas la première fois que des fuites se produisent au GIC, elles demeurent heureusement fort rares. La sélection du personnel est naturellement rigoureuse. Or l'informateur ne se borne pas à avertir, il fournit une série de précisions : tels l'identité de l'officier qui va relever les bandes au commissariat, le numéro d'immatriculation de sa moto ou encore la dénonciation de la « collègue » de l'épouse de Cueille dont nous comprenons qu'elle travaille elle aussi au GIC. Autant de violations de l'article 75 du code pénal qui expose la « gorge profonde » à de redoutables sanctions. Si son mobile est d'ordre sentimental, comme semble l'indiquer la formule « eu égard au passé », pourquoi recourir à une lettre anonyme, manuscrite de surcroît, usant du tutoiement, autant d'indices susceptibles de concourir à l'identification de la « taupe » ? C'est pourquoi je pense que ce courrier n'a pas été adressé dans l'intention d'alerter ce « bon vieux Georges » mais pour être un jour exploité à des fins judiciaires. Même s'il n'appartient plus au service, Georges Cueille continue d'être soumis aux règles en vigueur au GIC. Interrogé par Berthier, il indique : « Je ne peux vous renseigner sur l'affectation exacte de mon épouse. » Une information classée « secret Défense ».

Au jeu subtil du chat et de la souris, entre « secret » et « révélation », Gilles Ménage n'est pas le plus maladroit. Pour s'en convaincre, reportons-nous au cahier de doléances qu'il a remis au juge. Évoquant l'épisode de la lettre anonyme, il indique benoîtement : « Une lettre anonyme informe l'un de mes anciens collaborateurs à l'Élysée chargé de suivre quotidiennement les écoutes reçues de Matignon après mars 86 que son téléphone est sur écoutes. »

Résumons : collaborateur de Gilles Ménage, Georges Cueille, fonctionnaire du GIC détaché à l'Élysée, appartient au cabinet du président de la République. Il a pour mission de rédiger des synthèses pour François Mitterrand. Des synthèses de quelle nature ? Durant les deux années — si difficiles — de la cohabitation entre Jacques Chirac et François Mitterrand, nous savons qu'il est l'homme qui, chaque jour, a traité les écoutes réclamées par Matignon. Nous pouvons dire que Cueille a occupé un poste particulièrement sensible à une période qui ne l'était pas moins.

Mais pourquoi diable les services de l'État auraient-ils placé sur écoutes un fonctionnaire de cette qualité ? La question mérite d'autant plus d'être posée que seuls quelques motifs strictement définis autorisent l'interception par le gouvernement des communications téléphoniques : le terrorisme, le grand banditisme, l'espionnage et d'une manière générale les atteintes à « la sécurité de l'État ».

L'ancien collaborateur de Ménage à l'Élysée serait-il soupçonné d'entrer dans l'une de ces catégories ? A-t-il été abusivement placé sur écoutes, l'esprit de la loi ayant, dans cette hypothèse, été détourné ? Cueille, lors de ses auditions, livre le numéro d'immatriculation d'un véhicule repéré par lui comme suspect, dont il assure que, « par une filière amie sur laquelle je ne peux rien vous dire, j'ai appris qu'il s'agissait d'un véhicule de la direction centrale des Renseignements généraux ». Il en fournit d'ailleurs quelques autres, toujours relevés autour de son domicile.

Que Cueille ait fait l'objet d'une intense surveillance, le divisionnaire n'en doute guère désormais. Mais pour quelles raisons au fait ? « En l'espèce, je suppose que le but était de trouver des archives de Gilles Ménage qu'en fait, j'ai personnellement déposées aux Archives nationales. (...) Je pense que, dans cette affaire, ce n'était pas moi, à titre personnel, qui étais visé mais le collaborateur de Gilles Ménage que j'ai été pendant plusieurs années. Certains ont pu penser que j'étais susceptible de détenir certaines de ses archives », conclut l'ancien du GIC. C'est, je crois, une parfaite synthèse de la situation. Gilles Ménage a beau jurer sur tous les tons n'avoir rien conservé de son passage à l'Élysée — « tout a été remis aux Archives nationales » —, cette profession de foi ne convainc pas Matignon où, semble-t-il, on nourrit tant d'odieux soupçons qu'une farouche détermination à récupérer des documents.

C'est toujours dans ce contexte qu'une série de vifs désagréments vont pleuvoir sur d'autres collaborateurs de Gilles Ménage, et même sur l'ancien directeur de cabinet lui-même. Cible principale, le chauffeur du président d'honneur d'EDF. Ce dernier vient témoigner de la présence, aux aurores, d'une camionnette stationnée devant chez lui ; de la visite nocturne, sans effraction, du véhicule de son épouse dont le contenu de la boîte à gant a été ostensiblement répandu sur le siège avant ; de visites d'inconnus à son domicile alors que ses enfants s'y trouvent seuls. Les appels anonymes se succèdent. Suivant le conseil de son patron, le chauffeur se fait inscrire sur liste rouge. Mais c'est pour constater que les appels reprennent aussitôt. Bientôt, la Safrane de fonction de son maître fait l'objet d'un bris de glace et d'un vol alors qu'il s'est absenté un court instant. Parmi les objets déclarés volés, citons une veste en cuir (9 000 francs), deux paires de lunettes (5 000 francs), une sacoche en cuir contenant un carnet d'adresses ainsi que des documents personnels, le tout appartenant à Gilles Ménage. Ce qui intrigue Ménage et son chauffeur, c'est que les deux téléphones portables qui se trouvaient pourtant « bien en évidence » n'ont pas été récupérés alors que ce sont là des objets particulièrement recherchés des voleurs à la tire. Peut-être ces voleurs-là se méfiaient-ils du téléphone ?

Christian Prouteau, lui aussi, est intrigué qu'on ne lui ait pas volé son portable. La mésaventure dont l'ancien patron du GIGN vient d'être l'objet n'en témoigne pas moins d'une montée inquiétante de l'insécurité en région parisienne. C'est ce qu'il explique, un rien désabusé, à l'irremplaçable Berthier : « C'était environ deux mois après la perquisition effectuée par la DST dans mon garage (...). Le temps d'aller chercher un ticket de stationnement (...) avenue Kléber à Paris, j'ai été victime d'un vol à la roulotte. On m'a dérobé, dans ma sacoche, uniquement mon carnet d'adresses. À l'intérieur, il y avait mon téléphone portable, mes cartes de crédit et mon passeport, mais il n'y a pas été touché. » Prouteau comme Ménage aurait donc fait les frais de voyous plus friands de carnets d'adresses que de nouvelles technologies. Ce n'est pas absolument certain car Christian Prouteau a également constaté que sa « messagerie vocale qui avait un code d'accès a été bloquée à trois reprises durant cette période. Les gens du téléphone m'ont dit qu'elle avait été victime d'une tentative d'intrusion et que, de fait, elle s'était bloquée ».

Face à cette vague de délinquance qui semble s'être abattue sur les anciens de la cellule élyséenne en ce début d'année 1997, Gilles Ménage ne reste pas sans réagir. « Je sais que de son côté il a téléphoné ou fait le nécessaire auprès d'un certain M. Lacarrière », précise son chauffeur au divisionnaire Berthier. À l'époque directeur du renseignement à la DGSE, Michel Lacarrière est l'un des grands manitous des services secrets français. Une position qu'il doit à un parcours original de la rue Nélaton à la Piscine. Commissaire à la DST (le contre-espionnage), il est ensuite « poussé » par Ménage à la direction des RG parisiens en 1984, puis passe à nouveau à la concurrence en rejoignant la DGSE. Un itinéraire qui fait de ce haut fonctionnaire un parfait connaisseur des « services » et l'intermédiaire idéal pour dénouer les situations délicates. En toute logique, la vie de l'infortuné chauffeur devrait retrouver un cours plus paisible. Ce n'est pas le cas.

Les influences conjuguées de Ménage et Lacarrière — et elles ne sont pas minces — sont donc impuissantes à contrecarrer une autre volonté, plus puissante, qui décide de maintenir et même d'accroître la pression. Des professionnels du renseignement en traquent d'autres, parfois d'anciens collègues. C'est la guerre, elle est impitoyable. Des nombreuses investigations entreprises par Mme le juge Château, il ressort qu'effectivement, les collaborateurs de Ménage, mais aussi Prouteau et nombre d'anciens de la cellule ont bien fait l'objet d'une intense surveillance aux dates évoquées par leurs cibles. Plusieurs numéros de plaques minéralogiques identifiées conduisent au parc des véhicules utilisés par les RG. Mais pas uniquement ; d'autres mènent à des véhicules appartenant à l'armée, ce qui vient souligner l'ampleur des moyens ainsi déployés. Une commission rogatoire exécutée au commissariat de Villeneuve-Saint-Georges, proche du domicile de Georges Cueille, confirme que le local technique servant aux écoutes téléphoniques a reçu la visite de singuliers visiteurs : « Vêtus en civil, ils se sont identifiés en tant que militaires et ont présenté une carte du Groupement interministériel de contrôle dépendant directement du cabinet du Premier ministre. Ils ont déclaré qu'ils étaient sur une affaire relevant de la compétence de ce dernier et qu'ils venaient effectuer des repérages pour les plots qui serviraient à mettre sur écoutes des individus sur lesquels ils ne m'ont rien dit », explique le commandant de police en poste à Villeneuve-Saint-Georges. Le petit registre qui note entrées et sorties du local technique révèle une cinquantaine de visites des soldats de l'ombre entre mars 1996 et juin 1997. C'est beaucoup.

Les investigations s'arrêteront là. Les prochains interlocuteurs du divisionnaire opposeront à la commission rogatoire excipée une réponse unanime : « secret Défense ». Voilà comment devait s'achever cette partie de poker menteur ouverte par Gilles Ménage sous couvert d'une simple plainte pour « dénonciation calomnieuse ». Après bien des tergiversations, Ménage a, depuis, fait savoir qu'il portait plainte pour « atteinte à l'intimité de sa vie privée » pour des écoutes téléphoniques dont il pressent avoir été l'objet. En ce qui me concerne, j'ai donc obtenu rapidement un non-lieu. Bien que cette affaire sorte des sentiers battus, qu'elle recèle tous les ingrédients d'un roman d'espionnage, pas un mot dans la presse, pas une ligne pour ne serait-ce que signaler comment, une nouvelle fois, on avait tenté de me faire porter le chapeau de ce règlement de comptes entre « cabinets noirs ».

Quiconque se serait penché sur cette instruction aurait pourtant fait de passionnantes découvertes. Et notamment celle des circonstances précises qui ont permis à la DST sur « renseignement anonyme » de remonter jusqu'au box de Christian Prouteau le 19 février 1997. La scène se passe fin janvier 1997. Georges Cueille, Christian Prouteau et l'un de ses amis déjeunent au Pavillon Noura, un restaurant à proximité du pont de l'Alma. C'est « fortuitement » qu'au sortir de ce déjeuner, Prouteau demande à Cueille de les accompagner pour récupérer des « livres sur le GIGN » chez son éditeur. Les trois hommes se rendent à proximité de la place de la Nation. Les « livres sur le GIGN » ont déjà été empaquetés par l'éditeur et il n'y a donc plus qu'à charger les cartons dans la camionnette mobilisée par l'ami de Prouteau. Mais, contre-temps, le véhicule, trop haut, ne peut pénétrer dans le parking souterrain. Il en faut plus pour décourager l'ardeur des déménageurs. Prouteau décide d'utiliser un véhicule particulier pour accélérer le transfert du garage au fourgon. C'est un épisode très important. Ce véhicule appartient à la femme de son éditeur. Il n'est utilisé que pendant les quelques minutes nécessaires à l'opération. Le déménagement enfin terminé, les trois hommes se séparent : Cueille rentre chez lui, tandis que Prouteau et son compagnon quittent Paris au volant de la camionnette. Direction Plaisir, dans les Yvelines, où Prouteau sous-loue discrètement un autre garage. Une bonne planque *a priori*. C'est dans ce box que, vingt jours plus tard, la DST découvrira les fameuses archives de la cellule de l'Élysée.

En réalité, Prouteau a fait preuve de légèreté. Depuis au minimum la sortie du restaurant, lui et ses compagnons ont été pris en filature. L'équipe qui les filoche assiste donc au déménagement, puis n'a plus qu'à suivre la camionnette pour loger ce que la presse qualifiera de « caverne d'Ali Baba ». Un détail achève de nous convaincre de la réalité de cette surveillance. Quelque temps après la découverte des archives, une lettre anonyme (encore une) parvient au juge Valat. Elle invite le magistrat à perquisitionner le garage de l'épouse de l'éditeur de Prouteau. Or, celle-ci n'existe dans cette affaire que parce que son nom figure sur la carte grise d'un véhicule... utilisé par son mari. Il n'existe pas de garage de Mme G. Et seule une surveillance humaine, opérée le 30 janvier lors du déménagement, peut expliquer cette confusion.

Telle est l'histoire véritable de la découverte — d'une partie et d'une partie seulement — des archives de la cellule de l'Élysée. Celle-ci ne doit rien à un « renseignement anonyme » ni à un informateur providentiel. Elle est le fruit d'une enquête de plusieurs mois faite de filatures, d'écoutes téléphoniques et peut-être aussi de pressions psychologiques destinées à pousser à la faute les anciens de la cellule. Les dénonciations bruyantes par Gilles Ménage de barbouzes et de corbeaux n'ont pas été confirmées par l'instruction judiciaire. En opposant le « secret Défense » au juge dans la poursuite de ses investigations, le pouvoir a clairement indiqué que l'action des différents services mis en cause au cours de cette longue traque était connue et approuvée.

L'opinion publique doit-elle, pour autant, être informée des mille et un détails de la bataille de chiffonniers qui fait rage entre d'ex- et d'actuels responsables des « intérêts supérieurs de l'État » lors de cette course aux archives ? Une documentation mise à l'abri par les uns et ardemment convoitée par les autres ? Certainement pas. Il faudrait expliquer alors l'enjeu de cette guerre souterraine et de quel poids pèse parfois la petite bibliothèque que détiennent les uns sur les décisions politiques des autres. La Cour de cassation allait-elle oui ou non enterrer l'instruction sur l'affaire des écoutes de l'Élysée ? Telle était la question ! Un examen de la chronologie est toujours enrichissant. Le 30 janvier au soir, le box de Prouteau dans les Yvelines est « logé » par un service de police spécialisé. Il faut patienter jusqu'au 19 février au matin pour que la DST perquisitionne et découvre le pot aux roses. Officiellement, et selon plusieurs témoignages recueillis sous la foi du serment, ce n'est que la veille que ce service recueille l'information lui permettant d'agir.

Que s'est-il passé entre-temps ? Nul ne peut rien affirmer. Une chose tout de même : le parquet, très fluctuant sur la conduite à adopter dans la poursuite ou non de l'instruction des écoutes de l'Élysée, a finalement opté pour le rejet des pourvois de Ménage, Prouteau et compagnie. Cette décision est-elle liée au rebondissement spectaculaire de l'affaire des écoutes occasionné, le 19 février au matin, par la descente de la DST ? À l'évidence non, puisque c'est le 18, la veille, que l'avocat général transmet ses conclusions. Il n'est pas nécessaire d'être grand clerc pour saisir tous les avantages de la version proposée aux médias d'une découverte fortuite des archives Prouteau : pas ou peu d'explications à fournir, aucune nécessité de détailler la machinerie complexe qui a permis d'obtenir ce résultat. Et quoi de plus fortuit que la trahison ? Celle de Barril par exemple, si médiatique. N'a-t-il pas été « chassé » de l'Élysée ? N'en nourrit-il pas un profond ressentiment ?

N'ayant rien à voir de près ou de loin avec toutes ces péripéties, me voici donc une nouvelle fois propulsé sous les feux de la rampe. En quelques heures, le tout Paris spécialisé dans les affaires sait que l'« informateur » de la DST, le « Ganelon » de Christian Prouteau, est Paul Barril. Une rumeur qui, suivie d'autres bien plus graves, me conduit à prendre des mesures importantes pour assurer la sécurité de mes proches. Une nouvelle fois. Ma protection personnelle me pose d'ordinaire infiniment moins de soucis. Néanmoins, la tension est telle, et certaines informations qui me parviennent si précises, que je suis amené à renforcer ma propre sécurité. Trois de mes collaborateurs ne vont plus me lâcher pendant plusieurs semaines. Nous sommes tous quatre armés. Qui s'y frotte s'y pique et les candidats au suicide ne sont pas si nombreux ! Mais c'est une contrainte bien pesante. Elle est d'autant plus difficilement supportable que je ne suis en rien mêlé à cette histoire.

C'est en espérant mettre un terme à cette campagne insidieuse et reprendre une vie « normale » que je commets une terrible erreur, une initiative malheureuse dont je mesure avec le recul l'extraordinaire naïveté. J'adresse un courrier au contrôleur général de la DST dans lequel je sollicite de son service une certaine forme de bienveillance. Pas grand-chose, juste une mise au point de nature à faire cesser la polémique. À défaut d'obtenir une réponse de la DST, je reçois, par retour du courrier, une convocation chez le juge Charpier qui instruit l'affaire du box ! La DST s'est empressée de transmettre mon courrier au juge avec l'intention manifeste d'amplifier encore un peu la « sauce médiatique » autour de ma personne. Tout s'éclaire ! Naturellement, je suis fou de rage mais, bien obligé, je défère à la convocation du juge. Il n'en sort rien, sauf l'impression que je suis mêlé à cette affaire. Mission accomplie pour quelques petits malins de la DST.

Mais, comme dit le proverbe, à « malin, malin et demi ». Quelques jours après mon audition je me décide à reprendre la plume, cette fois pour un courrier mûrement réfléchi. Destinataire ? Le juge Charpier ! On voulait me faire entendre par ce magistrat, eh bien allons-y...

« Basse police » contre cellule de l'Élysée

OBJET : Rôle de la DST dans le dossier de la découverte du box du préfet Prouteau.

Monsieur le juge,

À la suite de mon audition dans votre cabinet, le 13 avril 1997, concernant mon courrier au contrôleur général de la DST, M. Debain, je faisais part à ce dernier de menaces graves concernant ma famille. De nombreux médias et plusieurs personnalités affirmaient que j'étais l'informateur de la DST. Je demandais à M. Debain d'éloigner cette grave accusation me concernant en révélant la vraie source de son service. En guise de réponse, M. Debain vous transmettait simplement ma correspondance.

Il m'est depuis revenu en mémoire des faits qui pourraient contribuer à éclairer votre enquête. Fin 1992, alors que M. Gilles Ménage s'apprêtait à quitter son poste de directeur de cabinet pour prendre la présidence d'EDF, de nombreux candidats proches du chef de l'État proposaient leur candidature, notamment : Michel Charasse et le préfet Fournet.

M. Fournet, patron de la DST à l'époque, pour renforcer sa proposition à ce poste, courtisait assidûment depuis plusieurs mois le capitaine Guézou. Ce dernier, membre de la cellule de l'Élysée et responsable informatique des écoutes fournies par le GIC, avait conservé ses entrées au palais avec l'autorisation expresse du président de la République. Pour ce motif, le directeur de la DST recevait officiellement plusieurs fois le capitaine Guézou au siège de son service, rue Nélaton et ce, en présence de témoins dont, au moins une fois, en présence du commissaire Pochon.

Pour le capitaine Guézou, ces visites avaient pour objet la négociation d'un poste de conseiller en matière de renseignements auprès du futur directeur de cabinet du chef de l'État contre la remise des archives de la cellule de Élysée. Après accord, M. Guézou remettait au préfet Fournet, dans les locaux de la DST, l'ensemble des archives informatiques des écoutes de l'Élysée sous formes de cinq disquettes ainsi que plusieurs dossiers, dont celui des otages du Liban, de la Calédonie et du terrorisme international.

Lorsque M. Chassigneux, avec l'appui de son ami François de Grossouvre, fut nommé directeur de cabinet du président de la République, le capitaine Guézou, paniqué, tenta en vain de récupérer les disquettes et dossiers qui se trouvaient alors dans le coffre du patron de la DST.

Pris d'un immense remords et s'estimant trahi, le capitaine Guézou développait alors un profond sentiment de culpabilité.

Bien respectueusement,

Capitaine Barril

Il ne fallut guère de temps à la presse pour annoncer la mise en cause du patron de la DST, Jacques Fournet, dans l'affaire des écoutes pour la détention de ces fameuses disquettes. Encore un « trésor de guerre » dont on m'avait accusé d'être le receleur.

Autant dire que cette mise en examen ne m'a fait ni chaud ni froid. Je n'avais rien demandé à personne, juste qu'on me fiche un peu la paix. Mais, apparemment, c'est mission impossible, alors à bon chat, bon rat...

Il faut, malgré tout, avoir la couenne solide. Ce n'était pas le cas du capitaine Jean-Yves Guézou dont il est fait état dans le document ci-dessus. Guézou, dit « Gaël », son nom de code à la cellule, était l'un ces gendarmes appelés à servir le président de la République. Sous-officier, il avait été promu capitaine, ce qui était exceptionnel. Sans que cela soit péjoratif dans ma bouche, ses responsabilités étaient très limitées, même s'il était affecté à un poste terriblement sensible. C'est lui qui faisait la navette entre le GIC et le palais de l'Élysée. Toutes les écoutes lui sont donc passées entre les mains et il avait aussi pour mission de les enfourner dans l'ordinateur de la cellule, mais en aucun cas de les exploiter. Tout le monde savait ce que faisait Guézou à l'Élysée. Aucun des plus hauts responsables de l'État, qu'il était amené à fréquenter quotidiennement, ne pouvait l'ignorer et le président de la République moins que tout autre. Le gendarme Guézou n'a jamais compris sa mise en examen lorsque éclata l'affaire des écoutes. Il ne l'acceptait pas. Ce n'était pas pour lui une simple péripétie mais une infamie. Passionné de renseignement, il était fier de servir son pays à l'échelon le plus haut qui soit. Sécurité du Président ! Secret de la Défense nationale ! lui disait-on. Guézou a obéi aux ordres.

Du jour de sa mise en examen, plus personne ne s'est souvenu lui avoir jamais donné un ordre. Son adresse personnelle était communiquée à des professionnels de l'investigation qui sont venus le harceler jusqu'à son domicile. Déstabilisé, s'estimant trahi, il devenait la proie facile de quelques savants manipulateurs. Plutôt que de vivre dans ce qu'il croyait être l'humiliation ou le déshonneur, le capitaine Guézou a été retrouvé pendu dans son jardin, le 12 décembre 1994.

À l'instruction depuis 1993, l'affaire des écoutes de l'Élysée n'a toujours pas été jugée et, aux dernières nouvelles, Gilles Ménage se serait reconverti comme « conseiller financier » de... la principauté d'Andorre.

Annexe 1

Notes entre Charles Hernu
et François Mitterrand
concernant le capitaine Paul Barril

RÉPUBLIQUE FRANÇAISE

PARIS LE 3 Avril 1984

Le Ministre de la Défense

Monsieur le Président,

J'ai l'honneur, par la présente, de vous mettre au courant de la situation du Capitaine **Paul BARRIL.**

Le Capitaine BARRIL est en position de disponibilité pour 5 ans depuis le 1er Février 1984. Il se trouve par conséquent en non activité.

A ce titre, il est soumis à l'obligation de discrétion pour les informations dont il a eu connaissance dans l'exercice de ses fonctions (article 18 du statut général des militaires).

En cas de violation de cette règle, il pourrait encourir :

– des sanctions judiciaires (violation du secret professionnel, voire atteinte à la sécurité de l'Etat)

– des sanctions statutaires (radiation des cadres)

– des sanctions disciplinaires.

Je l'ai reçu moi-même pour le mettre en garde. J'ai eu hier soir un entretien avec le Chef d'Escadron PROUTEAU, entretien à la suite duquel j'ai convoqué l'Amiral LACOSTE ce soir au Ministère.

Avec mes sentiments très amicaux et dévoués

Charles HERNU

Monsieur François MITTERRAND
Président de la République

Ch. Hernu

Paris le 14 Nov 1984

Ch. Hernu
qa F. il évacuation ou
non du Tchad. Si non.
dans quelles zones reste t il
des renfos tchad ? ?
FM

Cher Président,..

Faire rebondir l'affaire
Barril alors que son livre
est tombé à plat me
paraîtrait bien maladroit.
Pas d'action en justice !
Tout au plus un conseil
d'enquête. Mais laissez
tomber !
FM

Pierre Joxe m'y a
dit son intention de déposer
plainte contre Barril pour
injures graves à sept hauts
fonctionnaires de la police.

Je l'en ai dissuadé mais
P Joxe souhaite, pour calmer
ses policiers, que j'entreprenne
une action disciplinaire
contre le capitaine. Il s'agirait
de demander la convocation
d'un conseil d'enquête
après la parution du livre.
Cette action pourrait

Annexe 2

Échange de correspondances concernant la dissimulation du dossier Klaus Barbie

NOTE SUR LES ARCHIVES DETENUES PAR LA D.G.S.E. CONCERNANT

L'AFFAIRE BARBIE

La D.G.S.E. détient cinq ou six caisses d'archives concernant l'affaire BARBIE et le rôle de la gestapo de Lyon.

La communication de ces archives est demandée par le juge d'instruction RISS. Les pièces qui lui seraient transmises devraient être versées au dossier et, par conséquent, communiquées à l'avocat de BARBIE.

D'après l'entretien que mon collaborateur M. RENARD-PAYEN a eu avec le colonel SINGLANT à la D.G.S.E., il apparaît :

- que ces archives, dont le dépouillement est seulement commencé, comportent certainement des informations très dangereuses ;

- qu'il est difficile, en l'absence de véritable "expert de la Résistance", de mesurer le degré de nocivité de certaines pièces : il y a plusieurs listes de nom d'agents français ayant travaillé pour les allemands. On ne sait pas toujours s'il s'agit de vrais noms ou de pseudonymes, ni qui se cache derrière ces derniers.

M. RENARD-PAYEN à procédé à un sondage rapide, qui lui a permis de relever trois cas symptomatiques :

- sur une liste, figure M. BERARD-QUELIN, présenté comme un agent de renseignements français de la gestapo à Paris ;

- sur un autre document, des services de la R.F.A., datant de 1960, il est dit que BARBIE supprimait de sa propre main les agents français travaillant pour l'Allemagne qui ne lui étaient plus utiles.

Or, dans le même alinéa, il est indiqué que MAX BAREL, fils de Virgile BAREL, a été tué par BARBIE, ce qui laisse planer une équivoque susceptible d'être exploitée par l'avocat ;

- Dans un rapport des services français en Allemagne après la libération, concernant MITELNITZ, adjoint de BARBIE, il est dit : "personnage à ménager, car il nous rend des services".

M. RENARD-PAYEN a dit au Colonel SINGLANT que, pour l'instant, il n'était pas question de communiquer la moindre pièce à l'avocat et que des instructions seraient données ultérieurement à l'Amiral LACOSTE.

Note manuscrite du ministre de la Défense Charles Hernu
au président de la République François Mitterrand
concernant les archives de la DGSE.

Le Ministre de la Défense   Paris, le

12/12/83

François Mitterrand
_____

Barbie
_____

Dans ces dossiers ce qui
compte ce n'est pas la
" vérité " mais l'exploitation
qui peut être faite
de ce qui est écrit.

.../...

Tout sera mis en place
publique. Il y a aussi
de noms anodins qu'il
faudrait examiner par
spécialistes Résistance
(Noguères ? Lévy ?) car
ils pourraient mener à
d'autres noms. Et plus
il n'y a pas de témoignage
accablant contre Barbie
et ceux qui témoigneraient
peuvent être accusés d'avoir
été retournés " puisque ce sont
les services français

MINISTÈRE DE LA DÉFENSE

Réf. à rappeler :   3161/DG.

PARIS, le   16 Décembre 1983

BORDEREAU D'ENVOI EXTÉRIEUR

des pièces adressées à   Monsieur le Ministre de la DEFENSE

DÉSIGNATION	NOMBRE	OBSERVATIONS
– Dossiers d'archives selon inventaire ci-joint (18 pages)	4	cartons
	1	synthèse historique

L'Amiral Pierre LACOSTE
Directeur Général de la D.G.S.E.

P. *[signature]*

2 Exemplaire à retourner emargé au   (1)

Reçu le 16/12/83

Émargement du Destinataire (1)

MINISTÈRE DE LA DÉFENSE

B.C.A.C. - C.G. - N° 193
14, rue Saint-Dominique
75997 - PARIS ARMÉES

(1) Poser cette mention en cas d'exemplaire unique

R É P U B L I Q U E   F R A N Ç A I S E

C O U R   D ' A P P E L   D E   L Y O N

PARQUET GÉNÉRAL

LE PROCUREUR GÉNÉRAL PRÈS LA COUR D'APPEL
DE LYON
À

LYON, LE   22 décembre 1987

Monsieur Alain FROUTE
Directeur de l'Administration Générale
D . G . S . E .

Monsieur le Directeur,

En réponse à votre lettre du 8 décembre 1987, j'ai l'honneur
de vous faire connaître que le dossier constitué par vos
services pour les besoins de l'instruction du procès BARBIE
n'a jamais été remis à M. RISS, Juge d'instruction, ainsi que
ce dernier me l'a confirmé.

Je ne suis donc pas en mesure de vous restituer des documents
qui n'ont jamais été joints au dossier.

Le Procureur Général

RÉPUBLIQUE FRANÇAISE

Paris, le **25 JAN 1988**

4|2|88

Le Ministre de la Défense

000276

CONFIDENTIEL

Monsieur le Ministre,

La D.G.S.E. m'informe, par note du 6 Janvier 1988, des difficultés qu'elle rencontre pour récupérer un dossier constitué en 1983 à la demande du Juge RISS, dans le cadre de l'instruction du procès de Klaus BARBIE.

D'après les éléments d'information qui me sont donnés, ce dossier, constitué de quatre cartons et d'une synthèse, vous a été remis le 16 décembre 1983, ainsi qu'en témoigne la feuille d'émargement ci-jointe signée à cette date.

Or, à l'issue du procès BARBIE, le Service ayant demandé le 8 Décembre 1987 à Monsieur le Président de la cour d'assises du Rhône de bien vouloir lui réexpédier les pièces de ce dossier, a reçu en réponse la lettre ci-jointe du Procureur général près la cour d'appel de Lyon dans laquelle celui-ci assure que le dossier n'a pas été transmis au juge RISS.

Ce dossier étant constitué d'originaux, il est évidemment important que la D.G.S.E. puisse les reverser dans ses archives.

Les recherches que j'ai fait effectuer permettent d'assurer que ce dossier n'a pas été archivé au cabinet du Ministre de la Défense.

...

ALAIN FROUTÉ

Directeur du cabinet militaire
conseiller à la DGSE

La dernière prise en charge étant donc celle que vous avez effectuée, je vous serais obligé de bien vouloir, au cas où vous détiendriez ce dossier, le remettre à Monsieur FROUTE, directeur de l'administration générale de la D.G.S.E., ou de lui indiquer la personne à qui ces documents auraient été confiés.

Dès réception de ces documents, Monsieur FROUTE en donnera décharge et les reversera aussitôt dans les archives du Service.

Je vous prie de croire, Monsieur le Ministre, à l'assurance de mes sentiments les meilleurs.

André GIRAUD

Monsieur Charles HERNU
Ancien Ministre
Député du Rhône
Assemblée Nationale
Palais Bourbon

75007 - PARIS

Monsieur André GIRAUD
Ministre de la Défense
14, rue Saint-Dominique

75700 - PARIS

Villeurbanne, le 3 Février 1988

Monsieur Alain FROUTE, Directeur de l'Administration
Générale de la D.G.S.E. m'a bien remis votre lettre en date du 25 Jan-
vier 1988 concernant un dossier constitué en 1983 à la demande du
Juge RISS, dans le cadre de l'instruction du procès de Klaus BARBIE.

Dans ces dossiers, ce qui compte ce n'est pas la "vérité"
mais l'exploitation qui peut en être faite. Certains noms sont mentionnés comme ayant pu travailler pour les services secrets allemands
sans même que les rédacteurs des pièces en soient convaincus ; ils
notent parfois que les ressemblances sont frappantes.

J'ai donc estimé de mon devoir de faire en sorte que
tout cela ne soit pas mis sur la place publique.

Votre demande a été traitée directement avec Monsieur
FROUTE et tout est en ordre.

Je vous prie de croire, Monsieur le Ministre, à l'assurance de mes sentiments les meilleurs.

Charles HERNU

Monsieur Jean-Louis BIANCO
Secrétaire Général
Présidence de la République
PALAIS DE L'ELYSEE
55, rue du Faubourg St.-Honoré

75008 — PARIS

Villeurbanne, le 3 Février 1988

Le Ministre de la Défense, Monsieur André GIRAUD m'a fait parvenir en main propre, par l'intermédiaire du Directeur de l'Administration Générale à la D.G.S.E., une lettre dont tu trouveras copie ci-jointe ; tu trouveras également copie de ma lettre au Ministre.

Il s'agit de documents émanant du B.C.R.A. des Services Spéciaux alors rattachés à l'Etat Major particulier du Général De Gaulle.

J'avais pris sur moi, ce qui est tout à fait normal, la décision de ne pas transmettre au magistrat s'occupant de l'affaire BARBIE ces deux cent quatre vingt et quelque dossiers.

En effet, il y avait quelques noms particulièrement marquants de personnalités toujours vivantes. Ce qui a importé pour moi ce n'est pas la "vérité" comme je l'écris à Monsieur André GIRAUD mais l'exploitation qui en aurait été faite puisque ces pièces auraient été communiquées à Maître VERGES. J'ai donc remis les quatre cartons, d'un poids de quatre kilos à la D.G.S.E.

Je te fais parvenir, à titre strictement personnel, copie de la note que m'avait transmis alors Monsieur Olivier RENARD-PAYEN chargé des affaires juridiques à mon cabinet.

Je tenais à porter tout cela à ta connaissance et je te laisse le soin, si tu le juges utile, d'en informer le Président de la République.

Charles HERNU

MINISTÈRE DE LA DÉFENSE

D. G. S. E.

D E C H A R G E
================

Reçu de Monsieur Charles HERNU, conformément aux termes de la lettre de Monsieur le Ministre de la Défense n° 276 du 25 janvier 1988, quatre (4) cartons d'archives contenant deux cent quarante-huit (248) documents, un plan de tri et un inventaire, sous réserve de vérifications ultérieures.

Fait à Villeurbanne,
le 4 février 1988
J.P. CHAUVEAU, Chef d'Etudes à la GE

Table

DU MÊME AUTEUR

Missions très spéciales
Presses de la Cité, 1984 ; Pocket, 1986

Guerres secrètes à l'Élysée
Albin Michel, 1996

L'Enquête explosive
Flammarion, 2000

Pour contacter l'auteur :

www.barril.com
www.capitainebarril@hotmail.com

*La composition de cet ouvrage
a été réalisée par Nord Compo
à Villeneuve-d'Ascq
l'impression et le brochage ont été effectués
sur presse Cameron dans les ateliers
de **Bussière Camedan Imprimeries**
à Saint-Amand-Montrond (Cher),
pour le compte des Éditions Albin Michel.*

*Achevé d'imprimer en novembre 2001.
N° d'édition : 20148. N° d'impression : 014635/4.
Dépôt légal : octobre 2001.*